和の美
食の美

温故知新

未来を創る和食料理人

発刊宣言

日本の食文化の未来を明るく輝かしいものにするために、日本料理、天ぷら、鮨、蕎麦、うどん、和菓子など、わが国の料理業界を担う人材を応援する雑誌、『和の美食の美 温故知新』を発刊いたします。

世界では日本食ブームと言われています。しかし、肝心な日本では、その料理の伝統を理解し発展を担う若き人材が枯渇し始めています。メディアをはじめ、料理業界はフレンチ、イタリアンなどの西洋料理が大多数を占め、日本の調理師学校の卒業生の9割は、フレンチ、イタリアン、パティシエ志望が現実です。これでは近き将来、和食の基幹となる飲食店が衰退します。日本の食材の生産者、和包丁や砥石などの道具の職人、陶芸家、塗りや蒔絵の職人、日本酒や焼酎、煎茶などほかにも日本の地域に根付いた伝統文化、産業などに大きな影響が出ているはずです。つまり、日本の食の土台と根幹が大きく揺らぎ始めているのです。

日本料理の未来を創り出す「人」を生み出すために、和食を理解し愛する人々をどんどん増やすために、このたび、『和の美 食の美 温故知新』を立ち上げます。先駆者の思いや生き様、守りたい伝統の技と心、そして新しい試みを紹介しながら、日本の料理の世界がいかに素晴らしいかを真摯にお伝えしていきます。

奥田透

目次

世界に誇る、日本の食と伝統文化の魅力を探る
和の美
食の美
温故知新
未来を創る和食料理人

山本征治×奥田透

「日本料理 龍吟」

「銀座 小十」

日本の食文化を守るために

「龍吟」の屋号に由来する、禅の言葉「龍吟雲起」は、“想いを決めた勇者がひとたび行動を起こすと、同志が互いに共鳴し合い、そこに集う…”という意を秘める。皇居を望む店で、かつて修業時代を共に過ごした二人が日本料理の未来について熱く語り合った。

文／編集部　撮影／合田昌弘

料理の世界で日本人が本物を発信する側に立てるものは、日本料理しかない。

奥田　初めて徳島で出会ったのは、あなたが22歳で、私が23歳のとき。最初に〝鯛の水洗い〟を教えてくれて、それまで5年の経験があったから、ある程度はわかっていたものの、こだわるところやポイントが違っていた。それをたった何分かで明確に伝えてもらった。包丁を持ってからの自信、何もぶれずに一点だけを見つめて、自分が思っていることができるということに関して、レベルが数段違った。この人が10年後、20年後には世に出てくるんだろうなと確信した。

後日、部屋を訪ねたら、本棚に僕が持っている本と同じものや、『専門料理』『日本料理の四季』がきちんと全巻ずらーっと並んでいた。正直、部屋がぐちゃぐちゃしていると、仕事もぐちゃぐちゃしている。包丁の置き方、冷蔵庫の整え方などにも、それが全部出る。「この人はすげえな」と思った。

山本　あの本箱は段ボールをくっつけて自分でつくったんだよね。修業時代はお金が無かったから。

奥田　それなのに何処を探してもなかった『日本料理の四季』の1巻、2巻が並んでいたから、ものすごくびっくりした。

山本　僕も全国の古本屋に電話して探し回ったもの。当時はＡｍａｚｏｎもネットも無いからね。

奥田　それから本の話や料理の話をたくさんするようになった。何を訊いてもちゃんと答えてくれるし、何をやっても器用にできてしまうのを見ているうちに、「何でこの人は日本料理をやっているんだろう」と思った。その答えを、改めてここで聞かせてもらえる？。

山本　僕は15歳のときから喫茶店でバイトしていて、チョコレートパフェをつくるのが、すごく楽しかったの。だから、学校に行ってもっと広い世界の中で料理というものを見たい。そして、ちゃんとした授業を受けて、いろんな知識を得たいと思って調理師学校に入学したわけ。その時点では、何料理に進むか自由に選択できた。で、思ったのは、フランス料理の本物はフランスにある、イタリア料理の本物はイタリアにある、中国料理の本物は中国にあるということ。じゃあ、日本人の持っている本物って

何なのかと考えたら、日本料理だった。フランス人がフランス料理をつくるのと、日本人が日本料理をつくるのとは、自分のナショナルフラッグを背負っている点では同じ。だから、料理の世界で僕が本物を発信する側に立てるものは、日本料理しかない。日本料理だけは本物は自国、こっち側にあると思った。だったら本物を発信できる立場で、日本人が持てる本物の料理をやろう、そう決めたのが19歳の時だった。

奥田 ワインにも興味を持って、随分早くから勉強していたよね。

山本 初めてフランスに行った1995年は、田崎真也さんがソムリエコンクールで世界一になって、日本でワインブームが巻き起こる瞬間だったんだよね。まだ、ビールと日本酒の冷やか燗という時代だったから、これから絶対に日本料理でワインの時代が来る、自分が独立して店を持ったときに、ワインも扱えたほうがいいじゃないかと思った。だけど、自分がワインの知識を持っていなければ、ソムリエを雇わなくてはならない。その給料も高いだろうし、ワインを知らなければソムリエに意見することもできない。25歳の自分はバーチャルで将来を考えて、ソムリエに上からものを言われても「ソムリエの資格なら僕でも持ってるけど」と言えるようには、なっておかなきゃと思って、28歳で資格を取った。奥ちゃんもそうだったよね。

奥田 よくもあの忙しい中で取ったよね。当時は静岡で店をやっていて、午前2時まで営業して帰るのは午前5時だった。それでもあなたができたと言うなら、自分もできなきゃと思った。そのときも確か「じゃあ、何でフランス料理に行かなかったの?」って聞いたら、「奥ちゃんさ、日本料理が一番旨いぜ」って。この言葉を20代の頃からずっと言い続けているよね。その真意って何なの。

山本 精神なんだよね、一番は。たとえばフランス料理の人に鯛を一尾渡したら、切ってからどうしようかと考える。僕らは切った時点で完成する、お造りがそう。鯛の何を見ているかという、日本料理の目線が好きなんだよね。それが鴨であれば、皮をパリパリにローストしてと考えるところを、「いや、この鴨なら叩きで食えるんじゃないか」という目線が料理になる。目線が料理をしているわけ。なので、〝型〟で料理をするんじゃなくて、その目線が一番だと思っている。目のつけどころに精神が宿っている、そういうところが好きで、それが見えることで料理上手になれる。料理の上手下手って何なのかといえば、どういう目線でその素材を捉えられるかだと思う。だからその素材がセロリだろうが、オマールだろうが、鹿肉だろうが、見た瞬間に

僕の頭の中では素材が日本料理に変換されるのが、日本人の素直なDNAだと思う。

奥田　ほかの料理は、そうは捉えないからね。もしかしたら培ってきた文化でそう捉えられないのかもしれない。和包丁の考え方などもそうだし。

山本　僕は最近、白身魚の造りを出さなくなった。結局、同じところに立ち留まるのがイヤなんだよね。

奥田　鯛でも平目でも刺身を切らせたら、あなたの右に出る人はいない。誰よりも基本を大事にしている。「基本なくして、それ以上のものになることは無い」ということを知っているよね。だからこそ、基本の中でどれだけすごいかを表現できる。違うことをまた見つけたいと思っている。それが世の中にどう映っているかはわからないけど、「できることをやっても面白くないじゃん」というあなたがいるんだよね。

山本　ところで最近、お客さんの前で鰹節を削るのが流行ってるの?

奥田　そう流行っているみたいだね。私はそれを悪いことだとは思わないけれど、「やるんだったら20年やってくださいね」と思う。もし途中で止めるんだったら、「何でやり始めて、何で止めたの」って聞きたい。

山本　僕は開店以来、鰹節を自分の店で削らなかった日は一日もない。毎日、本枯れ節をキッチンで削るのは当たり前、米だって毎日使う分を精米機で精米している。そういう裏のことって、役者が舞台前に化粧するのを客に見せるのと同じような気がする。

奥田　それをやる1番の理由は、流行っているから。2番目はあなたのように他で表現することができないから、「削りたてで頑張ってます」というところを見せる。嘘ではないけれど、ずっとやり続けてこそだと思う。

山本　プロ意識を捨てた、素人に対するショーなんじゃないかな。お客さんが喜ぶかもしれないけれど、僕の場合、そんな事を弟子の教育にしたくない。僕の意識での教えは、「プロに対して、自分は絶対にプロであれ!」。日々、素敵な事だけに挑戦し続けたい。

奥田　そうやって自分が思うところで、日本料理を変えてきたんだと思う。これまで、日本料理でまどろっこしいな、窮屈だなと感じたことはある?

山本　普段見えないけど、「ここが変だよ、日本料理」はあるあるかな(笑)。以前、海外の研修生が、僕が炭火で牛肉を焼いていると横に来て温度計を、その肉に刺して、「昨日と今日で温度が3度違う。何でこんなに温度がブレるんだ」とか言うわけ。何事も数値化して合理性を求めたがる彼らからしたら、「そこが変だよ、日本料理」となる。数字が正しい料理を信じると、刺身は物差しをあてて何ミリに切るということになる。魚も肉も個体差で脂ののりも違うし、口溶けだって異なる。数字の料理はその程度のレベル。さっきも言ったけど、日本料理は目線が違う。

奥田 日本料理をやるんだったら、鮨と天ぷら、蕎麦、うどん、和菓子、日本茶、日本酒にも興味を持ってもらいたい。こういったものの魅力をわれわれがちゃんと語れなくては、それ以上にならない。

山本 そうだよね。日本料理を目指す人が少ない理由は、この世界が魅力的に映っていないことだと思う。人は美味しいものを食べたいはずなのに、それを作れるプロに、なぜ職業としての魅力が持てないのか。あくまで一般論ですが、技術修業もあり、勤務も長く、最初は給料も安く、今の若い子が敬遠するものが、全部揃ってる店が多い。料理人を目指しても親に反対される。それよりも世間に注目され年収にも心躍るスポーツ選手の方がいい。だから、一般論のイメージを変える店とチームを作る。

料理人は、生き物や自然と関わって、広大な世界の中で人がものを美味しく食べるということに貢献する仕事なんだよね。それを極めた先には技術者としての、多彩な表現力を持ち、お客様の心を満たせる技量に対する報酬で、自分はおろか周りまで幸せにする能力が備わる。料理と関わることで描いた夢を楽しく実現できることを、自分の姿で僕は伝えていく。ただの料理屋では、料理人の魅力を世に発信できない。

奥田 私にとってこの仕事の魅力は、自分で創造して、自分がつくりたいものがつくれるということ。そこに技術や知識が必要だったから、それを習得するのに厳しい修業があったわけで。

山本 その他大勢でいい人もいれば、自分の世界を持ちたい人もいる。料理って一番自分の世界を持つのが早い仕事だと思う。本当は国がもう少しこういう仕事に対して、何か動いてくれればありがたいんだけどね。それこそ日本料理は、日本の自然環境の豊かさを国内外に広めているわけだし。それを僕らはやっている。

奥田 国もメディアも、きちんとそういうことを取り上げないから、それを見つけ出して伝えようと、この本を出版する決意をしたんだよね。

山本 僕はあなたを見てると安心する。この世に、日本料理がいるから。君がいて、僕がいるみたいな。

奥田 あなたは世界が認める、日本料理界の〝宝〟だから。

山本 じゃあ、あなたは日本料理界の財産だよ。僕は破天荒なので、あなたが求めているほど日本料理の美学というものを突き詰めていないと思うし。何が後世に残るかはわからない。人口も減っていくだろうし、日本料理に心を砕く若い子がこれからどれだけ増えるかもわからない。料理界での発信力を持ち、憧れの対象となり、未来の若手に自分の魂をバトンタッチするまで、私も日本の料理界に尽くしたいと思う。

奥田 僕はこの本が出ることで、世の中が大きく変わることを、心から望んでいる。

（敬称略）

巻頭インタビュー —1—

日本料理は国技である

国を代表して日本料理をつくる。
精神や道具、器、文化というものの尊さ。
この国がもっている食材、
料理法、素材の恵みが
いかに優れているかが伝わる料理。
お皿が運ぶものは食べ物だけではなく
そんな思いも届けてくれる。

山本征治

Seiji Yamamoto

日本料理

龍吟

Ryu Gin

やまもと・せいじ

1970年香川県生まれ。2003年12月、六本木に『龍吟』を開店。2018年8月に現在の東京ミッドタウン日比谷に本店を移す。「ミシュランガイド東京」2012年度版から2025年度版（最新版）まで14年間、三ツ星として掲載される。2019年6月、大阪で開かれたG20大阪サミットでは、各国首脳陣をもてなす夕食会のメニュー開発及びサミットの料理担当を任命さ

「おいしいものを食べたい」という欲求は口福を求める〝症状〟だと、山本征治さんは言う。ならば、その症状をどう改善するか。

「僕にとっての日本料理は、日本の自然環境の豊かさを料理でもって表現したものです。自分が店に行ったらこうもてなされたい、こんな料理が出てきたらいいな、ということを自分の目線で考えます。これまでのおいしさをさらに超えていく一皿。任せてもらっているわけですから、僕自身がいいと思う処方箋を出さなくてはいけない」

創刊おめでとうございます。今、海外からの訪日観光客の目的の中で、「食」はすごく大きい存在です。その旅の満足度を支えているのは誰ですか、と問えば、それは紛れもなく料理人の僕たちです。日本料理を通して、この国の素晴らしさ、精神や伝統工芸、文化、食材の豊かさ、その魅力を伝えているので間違いないんです。日本という国の豊饒さを世界に広めていくことが、本来、国の仕事であるならば、その半分は僕たちがお手伝いしている訳ですから、日本料理は、〝国家職務〟といっても過言ではないと思っています。

これまでの歴史の中で日本料理は、〝型〟をとても大切にしてきました。ですが、型をなぞらえるだけの料理ではつまらない。「日本料理はこういうものだ」と型を見せるよりも、その料理でお客さんの心をどういうふうに揺さぶり、季節や素材、食事の楽しさを感じてもらえるかが大事だと思っています。

そのために。「温度」と「香り」と「ライブ感」を大切にした料理を意識しています。「龍吟」はカウンター席を置きません。一見するとそれはライブ感に乏しい。でも、

「龍吟」夏の料理

北海道噴火湾より〝子持ちの毛蟹〟面詰め

蟹は茹でただけでおいしい。素材感をそのままに丁寧に殻から身を取り出し面詰めに。輪島塗の蒸籠で蒸し上げた温かい毛蟹は、蒸気を漂わせながらゲストに届く。その完成度の高さを見せつつ、素材のクオリティを味わっていただく。「蟹は何もしなくてもおいしい。触れば触りすぎるほど、素材から遠くなっていく。極上のベルーガキャビアを添えて〝子持ちの毛蟹〟をうたってみた」

ゲストに店主が見えないテーブルで、どうやればキッチンのライブ感、素材感、季節感、食感など、五感で感じることのすべてが伝わるのか。「ここに来るとちょっとわくわくできるな」、そう思ってもらえる料理とは何かの答えが、今の龍吟にはあります。

　味というのは、温度と香りが伴っていてのご馳走です。常温のビールとキンキンに冷えたビールは、味は同じでも美味しさが全然違います。だから、温度感がいい加減な料理は出したくない。「この料理は、この温度で出す」ということを器の温度も含めて徹底しないと、キッチンのライブ感は伝わりません。

　また、温度と香りを大事にしているので、料理はずらずらとは並べない。八寸もやらない。目の前に運ばれてきた一点の料理に、集中してほしいんです。料理は単発で出したほうが深く印象に残ります。印象に残るから、たとえば冷たいものを出した後に、温かいものが追い駆けて来ると、その温かさがご褒美のように嬉しくて幸せになるわけです。型ではなく、そういうリアルに体感するところを、最も大切

群馬県より

〝枝豆〟の炙り燻製とすり流しの温と冷の仕立て

〝飲む枝豆〟と〝食べる枝豆〟2種。枝豆のすり流しと、温かい焼き枝豆に燻製をかけることによって、表情の違う枝豆のおいしさを楽しむ。きれいに両端を切って出すのではなく、自然の産物を食べる野性味を伝える。枝豆を手にした瞬間、豊かな香りが鼻をくすぐる。「料理は全部きれいにしてしまうより、素のままの姿を少し残すことも大事。温度と香りというのは、味よりも早く届くご馳走です」。

愛知県より
〝冬瓜〟すり流し
焼き茄子すり流し
岐阜県和良川より
〝天然鮎〟

1つのグラスの中央から半分には、冬瓜の冷たいすり流しを。もう一方には、おろし生姜を少し加えた、温かい焼き茄子のすり流しが入る。2色の狭間から飲むと、両方が一気に口中に流れ込む。爽やかなものとふくよかなものが混ざり合い、複合的なおいしさを醸し出す。グラスに架かる天然鮎は、串を打って炭火で焼いてから、素揚げにしたもの。鮎をかじりながら、すり流しをいただく口福。「最初のひと口と、最後のひと口では印象が変わる料理です」。

兵庫県明石より
〝鱧〟椀
〝松茸〟のすり流し

夏の終わりの鱧と、走りの松茸。松茸のすり流しを合わせる龍吟のスペシャリテ。秋の訪れを感じさせるひと椀。すり流しのベースは、旨味の濃い鱧の出汁１００％。「鱧と松茸のしゃぶしゃぶ」を超えた一椀のインパクトを伝える。松茸をポタージュのような状態で漆塗りのお椀から直接口につけていただく贅沢な色気と香りが鼻に突き抜け、味わいの余韻の長さと共に脳裏の記憶に刻まれる危険な味わい…。

に研究しています。

素材のレベルが一番重要な日本料理の世界において、いつの時代もおいしさへのアプローチはいろいろあります。時代によって変わります。人々の感覚も時代で評価が変わるような危なっかしい橋を渡ってなお、今の時代だから出せる到達点の様な料理をつくるのが、僕には性に合っているのかもしれません。

素材感も大事ですが、「ここに来なければ食べられない料理」を最高の技術で提供したいですし、今までの価値観をさらに超えてもらいたい。食というもので得られる多幸感。料理の力で人生の喜びを届けるような感覚です。何より、美味しい、また来たいと思ってもらわなきゃ負けなんです。

美食を求めるお客さんは、「美味しいもの食べたい病」の健全な重症患者と言えます。ゆえに「美味しいもの食べたいんです」と言うゲストに向きあって、僕は白衣を着て、「山本クリニックにようこそ」と（笑）。あなたのその精神的欲求に対し、僕がメニューという処方箋を書いてみました。あなたが

千葉県より
蒸し〝鮑〟〝早松茸〟

鮑と松茸はもともと相性がいいもの同士。蒸し鮑と松茸を極薄く切り、それを交互に重ね、器ごと40秒くらい温めている。上にかかるのは、酢橘醤油の餡。「香り、食感、温度感を感じながら、ざざっと一緒にまとめて食べる贅沢さ。口中で咀嚼したときに、鮑の旨味と松茸から出るエキスが全部混ざり合って、脳が否定できない口福となります」。器は加藤卓男・作の〝ラスター彩〟。見る角度によって虹色に輝く。

望む食の満足とは、「味なのか、素材なのか、季節なのか、食感なのか、香りなのか、温度なのか」ということを考えて、それを全部ブレンドして楽しく処方します。ただし、そういう症状の方には、定期的に通店してもらわないといけません。ちなみに、うち…保険はききません（笑）。

僕は常にキッチンにいますから、ゲストが食事をしている間は、直接喋る機会はない。だから、自分の料理でゲストと対話する。

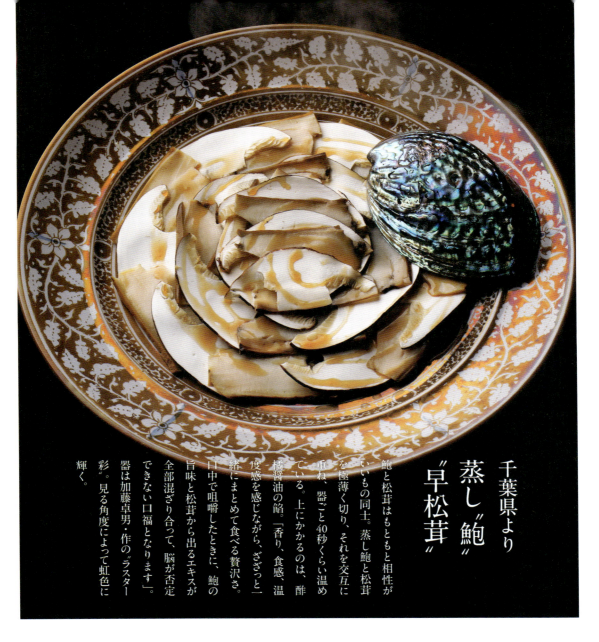

そんな僕と時間を共にするスタッフは、〝宝〟です。幸せにやっていくために大事なのは、愛することですよね。スタッフを愛し、ゲストを愛し、そのゲストに愛されることが一番の幸せ。自分が愛することから始めないと、幸せは回って来ません。

料理も素材も器も、すべてを愛することです。愛するからこそ厳しさも必要なわけで、そこで手を抜くことは絶対にしてはならない。人を愛することができない奴は、絶対に人からも愛されない。自分も歳を取ると、そういうことがだんだんわかってきます。腹が立つ相手ほど、まずは愛する。それが不器用な自分にもできる

〝ナガスさえずり〟椀 グリンピース

関西ではおでんの最高の具材として知られる、鯨の舌の部分の〝さえずり〟。その中でも極上であるナガスクジラも商業捕鯨の対象となり、日本の食文化としての鯨文化が活気を取り戻している。さえずりを上手に料理するのには手間がかかるものの、噛めば噛むほどおいしく、他にはない滋味がある。お椀の中には、スナップエンドウの未成熟な若豆を添えて、プチッと中のジュースが弾けるような食感を楽しむ。「グリンピースとさえずりを合わせることで、反捕鯨へのメッセージを込めている」と山本さん。

静岡県より No.46の "大井川共水鰻" すだち焼き& 茹で上げ白肝

静岡県焼津市（旧・大井川町）の豊かな自然の中、銘酒の仕込み水にも使われる大井川の水で育てた〝共水鰻〟は、天然鰻に勝るとも劣らぬ旨味で知られる。共水鰻を扱える店として龍吟は国内で46軒目となる。肝はさっと茹で上げて醤油をくぐらせ、天に山葵を。白焼きにした身は日本酒と白醤油をさっと霧吹き、酢橘の果肉を散らす。インパクトがあり、食べてなお、さまざまな仕掛けと食感で共水鰻のポテンシャルを思い知る。

京都府上賀茂より
〝賀茂茄子〟
ムラサキ雲丹
胡麻味噌田楽
オレンジの香り
を添えて…

揚げた賀茂茄子の上に、さっと蒸した雲丹と自家製のばちこを合わせて田楽仕立てに…。オクラを散らしひと匙のオレンジ味噌で追いかける。熱々ジューシーな賀茂茄子を頬張りながら、まわりの極上珍味が味わいをさらに贅沢に変えてくれる。温度、香り、味わいが一体となって口中に押し寄せてくる。

愛知県より〝恵鴨〟へぎ造り

愛知の「恵鴨」を藁で燻し、炭火焼きに。パリパリに仕上げた皮の下に閉じ込めた、たっぷりの肉汁をゲストに味わってもらえるよう、山本さん自ら包丁を入れて提供する。鴨肉は絶対にゲストには切らさず、肉を突き刺すフォークも絶対に出さない。確かな切れ味の包丁の断面を美しさと、口中に溢れ出る肉汁をひと口で味わっていただく。「お造りもそうですが、〝切る〟という技術が美味しさを変えることを伝えています」。

溶ける吟

夏場のデザート「溶ける吟」は、もともとあった、溜まり醤油や黒蜜を入れた自家製の焼き菓子「吟」の味を、そのまま、なめらかなソフトクリーム仕立てに。口の中でふわっと溶ける軽やかな食感の香川の銘菓〝おいり〟でカラフルに彩る。「アイスクリームにおいりを飾るのは、香川県ではポピュラーなこと」。香川県のアンバサダー、山本さんならではの演出である。鏡面の折敷に映り込む、不思議な世界も一興。

教育方針なのです。

　正直いって、僕は20代のときに今の龍吟で働きたかった。とんでもなく休みは多いし、店主は優しいし、暴力はないし、厨房は広くて涼しいし。そんなふうに、自分が独立したら「ここで自分も修業したかった」と思える店をつくることです。技術ばかりでなく、そこに伴う「何が大事か」という成功する為に必要な精神を鍛えていかないと。そして、「段取りを組む」「衛生面に気を使う」「時間を読む」といった、基本的なことをちゃんと真面目にやり遂げることです。それが独立するために必要な、本当の修業なんだと思います。

　修業というのは何なのかというと、「明日、料理長になったら、自分に何が足りないかを最速で埋めていくこと」だと教えています。

　料理長になったら、献立を決めて、器も全部決めて、仕上がりの責任を持たなきゃならない。それが全部できるようになる為に、今日一日が将来の自分に繋がる一日になるように大切に生きる。それが修業です。

　料理というのはできることが大事なのではなくて、教えられるようになることが大事なんです。教えるというのは、技術も教えなくちゃいけないし、料理の魅力をたくさん語れるシェフにならないといけない。自分自身が「まだまだ、もっといいものがあるんじゃないか」と常に食べ手の幸せに繋がる工夫を凝らす姿を見せなきゃいけません。

一番大事にしているのは、「温度」と「香り」。
それが無いものに、ご馳走は宿らない。
温度と香りは、味よりも先に届くもの。
料理は人の心を揺さぶれる。
温度や香りが、懐かしい記憶を呼び覚ます。
それを僕はライブ感だと思っている。

「日本料理 龍吟」
東京都千代田区有楽町1-1-2
東京ミッドタウン日比谷7階
TEL 03-6630-0007
(電話予約受付12:00～17:00)
営18:00～23:00
(最終入店19:30)
不定休

齋藤孝司
Takashi Saito
鮨さいとう
Sushi Saito

巻頭インタビュー ―2―

私の鮨は私にしか握れない

独立して20年。迷いがなくなり、
無心の境地で握るという、美しい鮨は
心地よく口に解け、しみじみとおいしい。
カウンターは晒しの商売。
主人の性格がそのまま店の雰囲気になり
訪れる客を笑顔にする。

さいとう・たかし

1972年、千葉県出身。高校卒業後、銀座の有名鮨店で修業を積み、2000年「鮨かねさか」に入店。2004年に同店の赤坂店を任される。2007年に「鮨さいとう」として独立。その年にミシュラン一つ星を獲得する。2009年に三つ星を獲得し、返上するまで10年間、三つ星を保持する。系列店に「鮨つぼみ」「3110NZ by LDH kitchen」「鮨さいとう　麻布台ヒルズ」ほか、香港、バンコク、ソウルにも店がある。

文／編集部　撮影／合田昌弘

創刊おめでとうございます。いい鮪が入った日に来てくれましたね。こんな鮪は最近では久しぶりです。鮨種にはすべて思い入れがありますが、やはり鮪は特別です。お金を出せば買えるというものではないし、いい鮪はあって1日数本。その中で自分の好みを見つけるのは、豊洲の仲卸「やま幸」の山口幸隆さんとの信頼関係も大切ですし、やっぱり気合は入りますね。

そして、シャリとのバランスを考えながら切りつけして握ります。考えすぎるとぶれが生じてしまいます。おいしく握るために大切なのは、自分のありのままを表現するための〝自我の解放〟だと思っています。

私の握りは私にしか握れません。無駄な力を入れず、手のひらの体温が鮨種に移らないように、できるだけふわっと握ります。不思議なことに、私の手はつけ場に立った瞬間から冷たくなるような気がします。「おいしい鮨を握りたい」という思いが、そうさせるのかもしれませんね。

店の個性が表れるのは、昆布〆、小《こ》鰭《はだ》、穴子、煮蛤です。昔からの鮨種が洗練されて、今ではその締め方も時間も違っています。僕の酢飯は、キレがある輪郭がはっきりした酢飯です。使うのは1年ものの古米。酢を加えてシャリ切りしますから、水分が多すぎるとどうしても粘りが出てしまいます。信頼のおける米屋に粒のやや大きいものを選んでもらって、ブランドにはこだわりません。合わせるのは赤酢と塩のみ。シャリは握りの土台であり、主役の鮨種を引き立てる名脇役だと思っています。

仕込みは、3年ほど前から二番手をはじめ、弟子たちに任せています。仕込みはとても大切な仕事です。ですが、僕がいるとどうしても若い子が委縮してしまう。一番いけないのは、「自分ができたんだから、お前もできるだろう」と考えること。育ってきた環境も考え方も感性も違いますから、まずはこの子はどういう人間かを見極めないといけない。それは魚の見極めより、とても難しいんです（笑）。

教えることはできるけれど、その子が育つかどうかはわかりません。根底には、やっぱり「努力」「根性」「忍耐」しかないんです。それを継続できる体力さえあれば、僕は絶対大丈夫だと思う。誰もが好きなことをやりたくて志を持って入ってくるわけです。でも好きなことだからこそ、やり続けることは辛い。だから時代は変われど、その3つがどうやったって必要なんです。僕らの時代の鮨職人に野球部出

豊洲で鮪の腹上を見ることはあっても、こうして店で齋藤さんが実際に切りつけする姿を見ることはない。この日の鮪は豊洲の仲卸「やま幸」から仕入れた、宮城・気仙沼の144kgの鮪。夏の鮪はほんのり酸味があって、これくらいの大きさが使いやすいと言う。赤身、中とろ、大とろなど、その日使う分を柵取りする。

身が多いのも、毎日の練習や上下関係を通して、それがきちんと養われているからだと思っています。

料理人はできれば一人で全部やるのが理想でしょう。でも、店が大きくなれば、そうはいかない。そうなったときに必要なのは、一緒に働いてくれるスタッフです。この店の規模で彼らがいなかったら無理。葛藤はありましたが、少しずつ自分がフェードアウトして、仕込みはなるべく任せるようにしてきました。

もちろん、鮑や小鰭などの最終的な味つけは全部確認しますし、鮪の切りつけは店主である僕の仕事です。切りつけはセンスが必要です。毎日鮨種に触れていると、その感触で魚の状態がわかるようになります。お客様一人一人の好みなども考えながら、どう切りつければ最上級の美味しさに辿り着けるかを想像して、厚み、幅などを微妙に変えています。

弟子がつけ場を持ったら、僕は一切口出ししません。あとはお客様に育ててもらえばいい。全員30歳前後と若いですが、今のところ頑張っていますし、今年3月にオープンした「鮨さいとう 麻布台ヒルズ店」

赤身づけ

鮪の赤身には、鉄分を感じるインパクトある香りと旨味がある。きめ細やかな身質のため、切りつけてから、一瞬だけ醤油をくぐらせて〝づけ〟にする。口に解けるシャリと赤身の清らかさがたまらない。

中とろ

脂がほどよくのった鮪の中とろは、渾然一体となった赤身のコクと脂の旨味をじんわり味わってほしい鮨種。脂が温まるように、シャリの温度は鮪が一番高め。仕込みに自信があるからこそ、その旨味を際立たせる。

もおかげさまで順調です。
実は、国内で「鮨さいとう」の名前でやるのは初めてなんです。以前は「さいとう」の名前を冠しているのに、齋藤がいなくてはと思っていましたが、もうそろそろいいかなと。3年後には札幌、4年後には神戸にも出店予定です。そこも「鮨 さいとう」の名前でやろうと考えています。
現在は、海外のバンコク、香港、韓国に3店舗があります。店を任せているのは、ここから巣立った弟子たちで、中堅に場所を提供したいという思いがありました。日本には「鮨つぼみ」「3110NZ by LDH KITCHEN」、さらに隣にもつけ場があります。結果的にはもちろんビジネスに繋がりますが、若手が握れる場所をつくっていくのが、今の僕のモチベーションです。
2018年に、ミシュランの三つ星を9年目で返上したことについては賛否もありましたが、今ではこれでよかったと思っています。「ミシュランガイド」にしても、「アジア・ベストレストラン」にしても、そこで評価されたからこそ日本のレストランが注目されて、世界に発信していったわけです。最初は鮨職人でこの世界に入っても、自

鮃《ひらめ》昆布〆

握りの最初は白身から。繊細で品がある鮃を朝に捌いて柵にし、昆布に挟んで氷室で寝かせる。程よい粘りと弾力、口中に広がる甘味が強い印象を残す。鮃のようにふくよかな鮨種は、多少空気を抜くイメージで握る。

小鰭《こはだ》

江戸前の代表的な鮨種の小鰭は、丁寧に手当てし、その日の皮の感触で包丁の入れ方を変える。写真は、味や香りがのってきた8月の新子。はんなりと柔らかで、香りが強い小鰭は、やや低めの温度のシャリで握る。

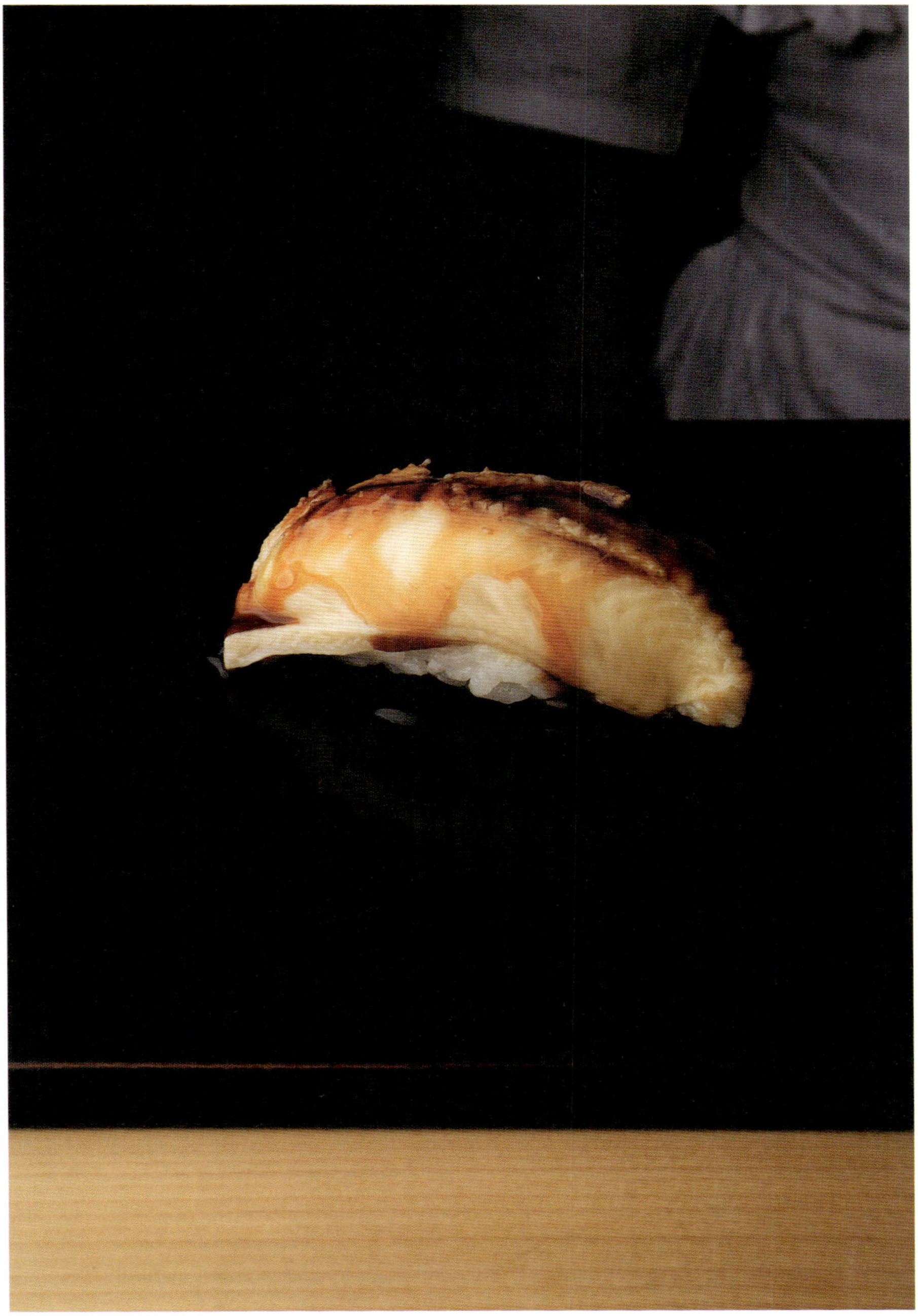

穴子

小ぶりの穴子をしっとりと柔らかく炊き上げ、握る直前に再度煮汁に戻して温める。口中でふわっと溶ける食感、心地よい甘味が後を引く。穴子の煮汁でつくる煮ツメは、さらりと軽やか。

いくらのだし漬け

走りの皮の柔らかな〝いくら〟を、だしに漬け込んだ、つまみの一品。もう少し大粒に育ったものは醤油漬けにする。だし漬けのいくらは、ねっとりした醤油漬けとは異なり、さらさらと飲めるような味わい。

分の店を持ったら経営者です。鳴りやまない電話に対応もできず、取材の多さで店が潰れる危機感がありました。また、いらっしゃるお客様もそういう色眼鏡で見ますから、随分と翻弄されましたね。

もちろん、星をもらって国内外の料理人との輪も広がりましたし、すごい世界も見せてもらいました。反面、評価に振り回される自分もいましたから、いい意味で肩の荷がおりました。純粋に仕事に向き合えるようになりましたし、返上したときのお客様の温かい反応も知りました。

現在は常連さんがほとんどです。星を返上するタイミングで会員制にしました。これまでずっと支えてくれた人たちに、恩返しをしたい気持ちがあったんです。そうはいっても、隣のカウンター席では予約を取りますし、他に系列店もありますから完全に新しいお客さんをシャットアウトしているわけではありません。今は、「僕がここで20年かけてつくり上げた『鮨さいとう』はこういう店ですよ」ということを知っていただきたいという思いのほうが強いですね。

日本の魚のクオリティは世界一です。そ

たこ柔らか煮

たこの持ち味を損なうことなく、美しく煮上げるために、あらかじめ活だこをマイナス60度で24時間冷凍。細胞を壊してから、ザラメと味醂、醤油で炊く。そうすることで歯ごたえもありつつ、柔らかな食感に。「たこは吸盤と身の間のゼラチンがおいしい。柔らかくするために大根で叩いたり、もんだりすると皮が剥げてしまいます」。温かい煮汁の香りも、贅沢なご馳走だ。

蒸し鮑椀

千葉・房州の黒鮑は甘さと香りが別格。店では５００g以上のものを使う。塩と昆布だけで約4〜6時間、シンプルに蒸し上げた蒸し鮑に、鮑を炊いた汁を葛で溶いた温かい餡をかけ、あおさをのせている。

れは漁師さんたちや市場の人たちがすごいということです。鮨はわかりやすい食べ物です。日本料理ほど複雑じゃありませんから、外国人にも受け入れやすい。これまで自分たちが食べていた魚と、日本で食べる魚はまったく違うということに、彼らもやっと気づき始めたんです。

日本文化の縮図である日本料理は、多くのことを学ばなければいけませんが、鮨はそこまで必要がない。器がなくてもやろうと思えばやれるし、盛り付けの技術もそれほどいらない。だからこそおいしい鮨を握るためには、日々の鍛錬しかありません。

僕はおそらく地球を一周できるくらいの数、鮨を握ってきました。だから機械と同じくらい、素早く握ることもできる。けれど一番重要なのは、お客様をもてなす気持ちや、店の雰囲気なんじゃないかなと思います。カウンターは晒しの商売。鮨には人柄や人間力が出ます。握り一貫一貫に気持ちを込めて、私らしい「元気」と「笑顔」でつけ場に立つ、そこがいつもぶれないように心がけています。

「鮨 さいとう」
東京都港区六本木1-4-5
アークヒルズ サウスタワー1階
TEL03-3589-4412
営12：00～14：00　18：00～23：00
休日曜、祝日（連休にならない祝日は除く）
完全予約制

創刊記念
座談会

鮨、天ぷら、日本料理の未来を語ろう！

「銀座 小十」
奥田 透

文／瀬川 慧　撮影／大山裕平

「日本橋蛎殻町 すぎた」

杉田孝明

「てんぷら 前平」

前平智一

僕らは鮨屋としての恰好よさと
矜持をちゃんと持っていればいい。
――杉田

――この度は『和の美食の美 温故知新』の創刊記念座談会に、ご出席いただきましてありがとうございます。今回はご自身の立場で、料理や仕事について大いにその魅力を語っていただければと思います。

奥田　料理人のいちばんの幸せは、やっぱりつくった料理を目の前のお客様がおいしいと言ってくれることに尽きると思います。帰りがけに「また来るよ」と言ってくれたり、次回の予約を入れてくれたりすることで、仕事の成果がすぐに返ってきます。日本料理でいえば、自分で考えた献立がピタッとはまって喜んでもらえたときの達成感。自己満足かもしれませんが、そこまで考えてきた経緯ですとか、器や花入れなどすべてが上手くいったなと思うときは喜びであり、来月もそうあろうと考えますね。

また、従業員の若い子が最初はできなかったことが、徐々にできていく姿を見るのも嬉しく頼もしく感じます。そんな毎日が喜びですね。

杉田　僕らはお客様に喜んでもらいたいという気持ちで料理人になっていると思うんです。〝ものづくり〟からスタートする人も、僕のように人に喜んでもらいたいということからスタートする人もいると思いますが、たまたま僕はそれが鮨屋だった。

奥田さんがおっしゃるように、日本料理には大きな世界観がありますから、器であったり、お軸であったりそういう日本文化を広い視野で捉えています。それに対して鮨屋は狭い狭い世界なんです。毎日毎日同じようなことをやって、店も設えもそれほど何処もそう変わらない。その中で、自分なりに切磋琢磨した少しずつの変化を気づいてもらえたら嬉しいなということはあります。

鮨屋とほかの料理屋さんとの違いは、お客様との距離が圧倒的に近いこと。お二人も同じように店のカウンターに立っていらっしゃると思いますが、お鮨は原始的な食べ物というか、常に手から握ってお出しするわけです。天ぷらは油や火を使いますから、どうしてもそちらに神経がいきますが、僕らにはそれもない。お客様との密度が濃いんです。ですから、お客様の心を掴んだなと思えたときが、やっぱり本当に嬉しい。ものをつくることプラス、こちらの思いがわかっていただけたときに、幸せな仕事をしているなと思いますね。

まあ、僕の親方は、「白衣の天使は看護婦さんだけれど、僕ら白衣の鮨屋はペテン師」だって言っていましたけれどね。口八丁手八丁で（笑）。

奥田　誰かの言葉ですが、お鮨は書道で〝一〟という字を書くようなものだと。結局誰にでも書けるけれど、誰が書いたかで見え方や思いが違う。鮪は誰にでも握れるけれど、誰がどう握ったかで違うのが、鮨の魅力なんでしょうね。

杉田　僕らは落語家とすごく世界が似ていると思います。落語の古典は、何十人も何年も同じ噺をします。けれど、「あの噺は志ん朝師匠だ」となるわけです。

それと同じで、小鰭《こはだ》や鮪なども古典的な鮨種ですから、それをどう解釈して鮨にするか。鮨は魚とシャリがあれば誰にでもできる超簡単な料理です。そこに、「小鰭ってどういうものか」「シャリってどういうものなのか」を、自分なりのオリジナリティーと解釈で表現する。それが落語家によく似ていています。だから新作が多い店もあれば、古典が上手い店もある。それが一軒一軒の魅力なんだと思いますね。

奥田　シンプルな深さというのは、そこに入り込んだ人にしかわからない。そして、それをずっと維持していかなくてはならない。維持していった先に、もっとあるんじゃないかと思うわけです。それが仕事の魅力ですね。

杉田　そうですね。絶対に毎日同じようにはいかないですが、何かしらの答えは出ます。そうすると「昨日よりはちょっとよくなったな」とか、「よくなったのに前よりちょっと狂ってるな」とか思うこともあって、それがたぶん楽しいんだと思うんです。

前平　天ぷらもそうです。お客様を思う気持ちはお二人と同じなんですが、天ぷらは特に揚げるタイミングに集中しなくてはなりません。0・1度という微妙な温度差の世界です。たとえば同じ海老でも、ほんの少しの大きさの違い。殻をむいていても気づかない程度の、箸で持って初めてわかる微妙な差。それくらいでも〝揚げ〟が変わってきます。

杉田さんがおっしゃるように、天ぷらを揚げながらお客様の相手をするのは確かに難しい面もあります。その分、それが天ぷらの面白さでもあると思っています。自分の体調によって乱れることもありますし、違う人が揚げたら油の温度も粉も何もかも、まったく別物になる。お鮨よりももっとぶれやすいものです。

天ぷらには知られざる可能性がある

奥田　天ぷらは蒸し物だとか、焼くように揚げるとか言いますよね。

前平　僕は完全に天ぷらは〝揚げ物〟だと思っています。揚げ方によって蒸し物っぽくも、焼き物っぽくもなります。なおかつ「衣で包んで閉じ込めて揚げる」のが、天ぷらの技法です。無駄な水分を脱水して、旨味と香りを凝縮できるのは天ぷらの〝揚げ〟にしかありません。特に野菜の香りは、唐揚げでも出せない。だから僕は天ぷらにしておいしくなるものしか揚げたくないんです。

天ぷらは何でも揚げられるんです。極端に言えば、氷だって揚げられる。でも、天ぷらじゃなきゃ出せないものがあるはず。そう考えると、食材は結構限られてきます。そこを追求していきたいですね。

天ぷらは油と衣と粉と食材だけなんです。シンプルな分、わかりづらいことも多くて、違いはすごくあるんですが、その違いをお客様に見せるのが難しい。自分らしさもお店による違いもあるんですが、写真を撮ったらみんな同じ〝鱚《きす》の天ぷら〟に見えちゃう（笑）。

奥田　見映えに変わりがなくても、奥の深さではフレンチやイタリアンには負けないですよね。

杉田　最近、天ぷら屋さんはいろいろな形態が出てきていますね。ところが鮨屋は、「握って出す」という手法以外は何も考えられない。天ぷら屋さんは加熱する道具が油であるだけでも、世界が広い気がします。

前平　そうですね。まだまだいろいろあるとは思います。僕は古典的なことを8割やって、そこに自分なりのオリジナリティを入れたいと思っていますが、今は古典的な技術は持っていても、オリジナリティ8割でやるという店が増えています。そういう意味では、天ぷら自体は面白くなっているとは思うんですけれど、あまり注目されていないですね。メディアでも新店を取り上げることはあっても、天ぷら特集はほとんどありません。

奥田　本当にそうですね。まだ、知られざるものすごい可能性を秘めているのが天ぷらじゃないかと思います。

前平　たとえば、穴子を揚げているときに海老を揚げても、海老だけで揚げているときと同じようには絶対に揚がらない。油の状態が違うんです。ですから〝同時スタートで2回転〟なんて僕には本当にできない（笑）。個々に油を替えて、対応しなくてなりません。そうすると必然的に客数を減らしていくか、鍋を増やすか、人を増やすかなんです。

僕はつくるプロですが、食べるプロじゃない。自分の天ぷらを目の前の席に座って、瞬時に食べることはできません。どうやって目の前に出されて、どうやって食べるかは、常連さんのほうが熟知しています。僕自身はどれくらい火が入っているかを齧って確かめるわけじゃありませんから、素材の大きさ、タイミングを見計らって、想像しながら揚げているわけです。だからこそ、できるだけぶれないようにしなくてはならないんです。

奥田　話は逸《そ》れますが、自分で揚げた天ぷらっておいしいですか？　杉田さんも、自分で握った鮨はおいしいですか。何故なのか、自分でつくったものっておいしいのは当たり前なんですけれど、感動はない。私はできれば食べたくない（笑）。

杉田　基本的には人様につくってもらったほうが、おいしく感じるんだとは思います。僕も自分のお鮨を客観的に味わおうと、同じシャリと鮨種で弟子に出してもらったことがあります。そうすると「うちの鮨はそんなにおいしくないんだな」と。で、自分で握って食べたら「うまいな、これ」（爆笑）

前平　シンプルであればあるほど、個性は出ますね。たとえば一つの素材を揚げようと思ったときに、僕はどこをフューチャーするかということをすごく考えます。この食材は「旨味を伸ばすように揚げよう」とか、「甘みを残そう」とか、香りを強く立たせよう」とか。特に野菜は天ぷらにするとすごくいい香りがするものがありますから、そういうときは苦味よりも香りを大切にして揚げる。でも、一方では「苦味を強く感じさせよう」と揚げる人もいます。それだけで衣のつくり方も揚げ方も全然違ってきます。そこでお店のスタイルが出てきます。それが天ぷらの面白さですね。

僕は「山の上ホテル」にいましたから、基本的には「誰が揚げても、同じ味の天ぷらにならなくてはいけない」というやり方でやってきました。ただ、どんなに同じベースでやっていても、必ず自分なりのポイントが出てくるんです。

たとえば車海老というのは、「真っ直ぐに揚げる」と教わるんです。

奥田　曲がっていると「下手くそ」と言われ

天ぷらの魅力をもっと伝えて、知名度をもっと高めたい。

——前平

るものね。

前平　そうなんです。でも、真っ直ぐに揚げるというのは海老の筋を切るんで、ダメージを受ける。車海老のおいしさは甘さや香りはもちろんですが、食感も大きい。それなのに筋を切るとプリッとした食感が損なわれてしまい、味が落ちてしまうんです。かといって、そのままでは中華のように丸まってしまう。だから、僕は尻尾のところの1カ所だけ関節を外して、身をまったくいじらないで揚げています。そうすると身はぷりんぷりんで噛む回数も増えますから、甘味をより強く感じます。殻を剥くときも、なるべく触らないようにして、旨味を逃がさない。揚げる際にも尻尾を持って身は触らない。僕はそこを意識してやっています。

　そうすると味も食感も強いですから、最初に海老は出しません。天ぷら屋はたいてい海老から揚げるんですが、最初にあおりいかや白魚を揚げて、胡麻の香りがちゃんと感じられる前半2番目か3番目くらいに出すようにしています。強いといっても、後半の弱くなった油で海老を揚げたくはないんです。

奥田　そういうことは教えようとしてもなかなか伝わらないですね。それは杉田さんも同じだと思いますが。

杉田　うちは最初に〝小鰭〟の握りを出しますから、伝統感はゼロ（笑）。僕が最初に小鰭を出すのは、現代の鮨屋は基本的につまみを出してから、お鮨という流れだからです。だから、お鮨からスタートする場合は、ちょっと考え方は変わるかもしれない。まずはつまみから始まることが前提です。よくお鮨は「甘いものから」と言われますが、つまみの最後には濃いものも出てきますから、それではお鮨のスタートがぼやけてしまう。やっぱりお鮨を食べて欲しいですから、最初にぼやけたくはないんです。

　天ぷら屋さんが最初に〝海老〟というように、鮨屋には〝鮪〟という選択もあります。最初に鮪の握りを出す店もありますけれど、やはりそこには店それぞれのメッセージがあったほうがいい。僕の場合、それが鮨の技術が必要である小鰭だったんです。それと小鰭は〝ザ・鮨〟というほど、他ではあまり使われない魚。だからこそ、「ここからお鮨が始まりますよ」というメッセージにもなります。また、しっかり酸が効いているので、味の切り替えにもなる。それが、僕が最初に小鰭の握りを出す理由ですね。

世界で本当にシンプルでヘルシーでおいしいのは日本料理だと思う。
——奥田

僕が小僧の頃は、鮪から始める店が多かったように思います。「白身から」と言うようになったのは『すきやばし次郎』の次郎さんが始まり。つまみも刺身くらいで鮨にいくなら納得がいきますが、現代の鮨屋がすごく濃いつまみを出した後に、「甘いものいきます」じゃ、それは違うんじゃないかなと思う。

和食には日本の文化がすべて集結している

奥田　料理の世界には、そうした〝点〟で捉えることがどのジャンルにもありますね。そういった意味では、日本料理はより文化的なものが強い。たとえば畳の室内に掛け軸があって、そこにその月のお題が描かれていて、器も季節や会の趣旨にあったものが用意されているなど、日本の文化を料理と空間すべてで表現します。そこに楽しさがあります。点でとらえる専門店とは違い、むしろ流れを大切にして、ドラマや小説をつくっているかのような感じ。料理にいたっては、揚げるも蒸すも焼くも全部ありますから、日本文化のすべてが集結している。修業時代には、それを教わる楽しみがありましたね。今度はそれをどこまで伝えていけるかですね。

前平　話は少し違うかもしれませんが、もっと産地との繋がりを緊密にできたらと思いますね。フレンチの人とかは産地に行って無農薬野菜をつくってもらったり、生産者の思いを伝えるような関わり方をしています。和食では最初の生産者との繋がりがまだまだ少ない。僕は最後にその食材を扱う料理人なんで、最初と最後が直に繋がるようになればもっと素材を大切にできるし、お客様に説明もできます。

奥田　仕組みがそう変わってきているんですね。

杉田　流通がいいことが日本の良さでもあったんですが、流通が良すぎるから生産者との接点がなくなってしまった面もありますね。

杉田　お鮨でいえば、古典的なものだけやって「それが正しい」というのは、自己満足で終わってしまう可能性があります。ただし、それをちゃんと言っていかないと何でもありになってしまう。広く薄くなって、鮨屋なんて無くなってしまう。存続していくためには、携わっている人たちがその本質を愛していることが大事だと思うんです。それがあるから、時代がどんなに変わってもずっと続いているんです。ところが今は、「儲かればいいんだ」

「ウケりゃいいんだ」ということに走りすぎている。本質を失いかねないことが実際に起きています。海外でも鮨職人は引く手数多《あまた》ですから、寿司学校で4カ月修業して海外に行けば、他のジャンルの料理人より何倍も稼げる。今はそれでいいかもしれないけれど、それが普通になってしまったら、20年後には本当の鮨文化が廃れてしまいます。それを僕らは本当に懸念しています。

　実際、海外から来てくださるお客様の話を聞くと、日本の食で最初の〝玄関〟になるのがお鮨だというんですね。日本料理の本質を知るためには、もう少し教養が要りますから、それが外国人には難しいんだと思います。そう考えると、確かにお鮨はいちばん分かりやすい。鮨屋の恰好をしてトンと刺身を切って、「日本です！」という顔をしてやれば何とかなる（笑）。ただ、そこに日本を背負っている鮨の魅力というものを伝えていかないとダメだと思うんです。だから居ずまいも大事ですし、日本人って恰好いいと思ってもらうためにも、僕らが玄関口なんだと認識していかないと。

奥田　日本料理は逆に難しくしすぎているんですね。ある程度やっていくと文化的な深みに入り込んでいくので、いろいろな仕掛けを施す。同じ日本人同士でも、それを理解しないとダメだということになってしまう。「お椀の蓋はどう置けばいいのか」とかが気になってしまう。どう置いてもいいんです。構えなくていいんです。それは食事を楽しむことに比べたら二の次です。世の中で本当にシンプルでヘルシーでおいしいのは日本料理だと思うんです。今日揚がった魚をシンプルに塩焼きにして、採れた野菜をだしで炊いて、刺身を切って、お吸い物を添えれば、立派な日本料理なんです。

杉田　僕らも海外の方に日本の玄関口としてお鮨を食べてもらって、もう少し難しい日本文化を知りたかったら日本料理屋に行ってもらうことで、いいかなと（笑）。

　僕らは鮨屋としての恰好よさと矜持をちゃんと持っていればいい。それをわかりやすくお客様に提供する。それなのに、日本料理屋さんの真似事をして、お鮨の最後にお茶を点てて出されたりすると、それは違うんじゃないかなと。ちゃんとしたものはちゃんと学んでもらわないと、やるべきじゃないと思うんです。

　海外のホテルの中にも天ぷら屋さんがありますよね。そのクオリティって前平さんからみたらどんな感じなんですか。

前平　海外でちゃんとした天ぷら屋は少ないですね。『内津』さんが香港に開いたり、有名な店は幾つかありますが、どうなんでしょう。鮨屋は大将が自ら行っている店が結構あるじゃないですか。そういうスタイルならクオリティも保てると思います。

杉田　海外の鮨屋は食材を日本から送っているところが多いですね。それって微妙で、ただ出店しているだけ。その土地に根付いたお鮨というのとはちょっと違う。天ぷら屋さんには揚げるという技術があるから、その先に行ける。

前平　そうですね。天ぷらは半分は野菜なので、その国ごとにまだ美味しい野菜があります。たとえばフランスのマルシェで売っている人参とかは味が濃くて、とてもおいしい。ところが魚はどうにもならない。

奥田　私はパリで懐石料理と鮨屋をやっていますが、やっぱり海外で食いつきがいいのは鮨なんです。わかりやすいんです。最初は「フランス人は生の魚、刺身は食べないから」と言われて、「いや鮨を食べているでしょう」と言ったら、「お、あれがそうか」って（笑）。鮨というのは料理として捉えられていて、生の魚を食べているというより、一体化した料理なんですね。鮨のすごさは〝一撃必殺〟。鮪の中とろをある程度ちゃんとした技術で握れば、まずいと言う人はいません。

一方、日本料理にはどこかわかりづらさがあります。それでもだんだんと認知されつつはありますが、鮨はもう世界食になっています。天ぷらはまだそこまでいかない。そういう意味では、穴場でビックビジネスチャンス（笑）。でも、前平さんのように日本で一流の人が直に行っても、海外ではまだその細部や深さまでは伝わらない。もう少し段階を経て、育てていかないと。油で揚げるという天ぷらは、鮨や日本料理よりも上手くいくはずなんです。鮨、天ぷら、蕎麦、日本料理は、日本で一番なら世界基準で一番なんですから。

前平　僕らも天ぷらの魅力をもっと伝えて、天ぷらの知名度をもっと高めないとと思います。本屋で天ぷらの本を見ても、天ぷらは何度で揚げるというようなノウハウばかり。そういう本じゃなくて、天ぷらの本質に迫るこうした本を通して、その魅力を発信しないといけませんね。実際、従業員を募集しても、本当に天ぷら屋には誰も人が来ない。日本料理店や鮨屋の方がまだ人が回っている感じがしますね。

魅力に富んだ 和食料理人の世界

奥田　フレンチ、イタリアン、パティシエには、たくさん日本人がいます。サービスの人もレストランにはたくさんいるんです。この構図が私はおかしいと思っていて、この構図を変えないと未来はないと思うんです。でもメディアや専門誌が、ずーっとフレンチやイタリアンばかりを取り上げていますから、そこからスターが出てきて、若い人たちも憧れる。実際に天ぷら、蕎麦、和菓子に思い浮かぶスターはいますか。もし、誰もいないというなら、それは世の中に露出していないからです。雑誌に3回続けて出ると、「ああ、今はこの人なんだな」と思うわけです。もっと天ぷら、蕎麦、うどん、和菓子などを取り上げていけば、世の中の興味は変わると思いますし、その可能性を信じられると思うんです。

前平　そうですね。僕らは仕事にやりがいとか、生きがいはちゃんと持っていますし、仕上げて提供したものに対して、ダイレクトにお客さんから反応が来ます。それは醍醐味ですね。

これまでオリジナルで小松菜の根っこを揚げていましたが、生産者がコロナ禍で辞めてしまって、同じクオリティのものは手に入らなくなってしまいました。でも、先週、山菜を採りに行って、また新しいものを見つけてきたんで、それを揚げるのが楽しみです。そうした新しい挑戦もお客様はちゃんと喜んでくれるんです。

奥田　広い意味では、農業に携わっている人の可能性も見出してあげなくてはいけないですよね。そして、次に農業をやりたいという人も見つけてあげなくてはならない。それは水産関係者もそうです。前平さんが日本料理でなく、鮨でなく、天ぷらを選んだことが、天ぷらのいちばんの魅力なんでしょうね。

前平　最初はやはり日本料理の方がいろいろな技術を学べますし、大きな魚だって卸せる。そういった意味では、天ぷらでは偏った仕事しか覚えられないのではという不安がありました。でも3年目に先輩から「天ぷらは針の穴のような狭い世界だから、如何にそれを追求していくかが面白いんだぞ」と言われて、そこに気づいてからはまったく他に目が向きませんでした。それに揚げ始めたら結構難しくて、どんどん深みにハマっていった感じですね。

カウンターは何といっても平常心です。話しながらでも笑いながらでも、それこそ嫌なお客がいてイライラしながらでも、いかにちゃんと平常心を保つか。やっぱり怒ると油の温度が上がるんで、焦げますね（笑）。

まあ、そこは冷静に。僕が仕上げて出したものに、お客様からすぐに反応があるんで、やっぱり、やりがいはあります。

杉田 僕は平常心ではできないですね。まあ、毎日ライブやセッションをやっているようなもので、プロである自分も楽しんで、お客様も楽しんで同じ世界観の中で幸せな時間をつくりましょうという感じ。もちろんムラはありますよ（笑）。毎日同じではありませんが、結局つまらないライブをやったら、それが店の評価になります。「お客様のために」とも言いますが、本音は僕が楽しい鮨屋でいたいんです。それができたときの喜びが、鮨屋の最大の魅力だと思っています。お金だけもらって楽しいというのは絶対にありません。

奥田 この仕事って、自分の思い描いたことが徐々にできるようになっていく。誰かに何かをやれと言われてやるわけではなく、「こういうお鮨を握りたい」「こういう天ぷらを揚げたい」「こういう日本料理をつくりたい」ということを自分で追求していける。最終的には独立することもできる。すぐにはできないけれど、徐々に思い描いたことを形にしていけるということがいちばんの魅力であり、原点なんだと思います。

杉田 日本人の特性として思うのは、アレンジが上手だということ。もともとあるものの美しさ、見立てが上手なんです。たとえば胡瓜の美味しさがどこにあるか、どこを生かされたいのかを見極めて使うというのは、料理人の基本だと思うんです。それを表現できる世界観が和食にはある。こんなに胸を張って生きていけることはないと思っています。

（敬称略）

第一特集

未来を創る 和食料理人

石田知裕
Tomohiro Ishida
膳司《かしわでのつかさ》 水光庵《すいこうあん》

杉田孝明
Takaaki Sugita
日本橋蛎殻町《かきがらちょう》 すぎた

前平智一
Tomokazu Maehira
てんぷら 前平

吉川邦雄
Kunio Yoshikawa
一東菴《いっとうあん》

浅沼努武
Tsutomu Asanuma
天ぷら 浅沼

平山周
Shu Hirayama
浅草 ひら山

海原大
Hiroshi Kaibara
江戸前芝浜

日本料理の精神性を受け継ぐ

石田知裕

膳司《かしわでのつかさ》 水光庵《すいこうあん》

Tomohiro Ishida

古典に精通するご主人の石田知裕さんの話とともに美意識溢れる料理を楽しめるカウンター。聚楽壁に竿縁天井、網代扉など、数寄屋造りを基調とした空間に灯明を灯し、非日常へと誘う。茶の心に触れる濃やかなもてなしを大事とし、ナフキンの上にはスマートフォンを置く布に見立てた袱紗を置く

文／西村晶子　撮影／阿部浩

都心にありながら、奥まった地にあり、
一期一会のもてなしを大事とする日本料理店「膳司 水光庵」。
一見、敷居が高く、緊張感が漂う中、
次第に空気は和み、場はゆるやかに温まる。
料理は時に懐石、時に会席となり、
味わい深くして古びず、新しき日本料理へと誘う。
学び得た古典から何を継承し、進化させるのか。
その奥義を探求する。

懐石膳

「ものの始まりを知ってもらいたい」との思いもあって、コースは懐石の膳出しの形からスタート。ご飯の炊き方は、茶懐石に伝わる湯を沸かして炊く「湯炊き」で、鍋に付きっきりで炊いてお米からご飯に変わる瞬間を提供。向付はぐじ昆布締め、汁は粟麩と大黒しめじの白味噌汁。

日本料理の心を知り、美意識を形とし、味を伝える

東京タワーを間近に見る東麻布の静かな住宅地にひっそりと佇む料理店「膳司 水光庵」。2015年に都心のマンションで開業し、2023年6月に移転。思いを込めて全面リニューアルした数寄屋の空間を得た店主の石田知裕さんは、大学受験勉強中の18歳のときに料理の道を選択。グローバル化が進む社会でまず知るべきは自国の文化、それを仕事とするならば日本料理と思い、名店「京都吉兆」の門を叩いた。

「日本料理を通じて古典や古人の叡智に触れ、日本文化の品格と教養を学ぶことができると思いました。17年間、京都で過ごしたこと、吉兆で学んだことは、年月を重ねるごとに理解が深まり、今でも発見や気づきがあります」。

修行中は、料理のみならず茶道や書道、華道といった伝統文化も修得し、東京に戻ってからは指導者、継承者として稽古も行なっている。そのことは師への恩返しと興味ある人への伝承のためで、教えることで自身にも学びがあると石田さんは言う。

八寸

大切にしている料理の一つ、八寸は月ごとに趣向を変え、盛夏は鬼灯、蓮、朝顔などを使い、ドライアイスで雲海を演出。縁金カット舟型ガラス器に蒸し鮑と肝だれ、蓮花皿に厚焼玉子、海老、鴨ロース、山桃、蓮根。他に、鱧の落としやずんだ揚げ餅を盛り合わせた一皿もあり、多様な仕事を施している。お腹がいっぱいの場合は持ち帰りもできる。

煮物椀

秋を代表する味覚、鱧と松茸の煮物椀。鱧は葛たたきにして梅肉を添え、松茸、芒柚子で秋の風情に。一番だしは鹿児島の温泉水を使い、0°Cに冷やしたところに倍の量の昆布を3日間浸けて旨味をゆっくり丁寧に抽出するやり方。煮物椀のだしには基本、味つけをせず、椀種の旨味と塩気で完成させている。

造り

明石鯛、気仙沼戻り鰹、あおりいか、伊勢海老の造りに青楓を添えた、彩り美しい盛り合わせ。醤油、肝醤油、ちり酢に、あしらいの海苔寄せ、山葵、酢橘、若布を合わせていただく。食材は旬を迎える最高のものを全国から取り寄せ、魚は個体差に合わせてねかせる期間を考慮している。器は備前の作家・高原 敏作。

軸となるのは、茶道の心に触れ、修得したもの。それを拠り所に日本料理に新たな価値観をつくっていきたい。

漆塗りのテーブルを置く個室は手をかけるほど美しさが増し、年月を経て聚楽壁に錆が出始め、より趣のある空間に。1月、7月には茶会を催し、個室で濃茶を出し、カウンターで料理を提供している。

床柱に丸太柱を用いた、品格もありつつ落ち着きのある床の間。床にかかる「茶禅一味」の軸は、「京都吉兆」とゆかりのある、臨済宗の禅僧で書家、茶人でもあった立花大亀の書。

「日本料理の中で、茶の湯、懐石ほど美的感性を感じられるものはなく、それでいて合理的。長い時代を経て今日あるものですから揺るぎがなく、規範とすべきものがあります。私はその本質を学び伝え、それを拠り所としながら日本料理に新たな価値観をつくっていきたいんです」。

その思いを実現するため、空間づくりにも注力している。店内は、数寄屋建築の様式美が細部に見て取れ、茶室のごとき閑寂さを漂わせる。打ち水をした玄関を入ると、お香を薫きしめた待合の空間が広がり、その先にある灯明が置かれたカウンター席へ。個室は炉を切って茶室として使えるようにし、都心にありながら山居にいるかのような趣に包まれる。

「以前の店ではできなかったことをできる限り形にしたくて、数寄屋造りの建築で知られる京都の建築家・杉原 明さんにお願いしました。天然の素材や熟考された仕事は時を経るほどに美しさを現し、落ち着きを増し、新しい伝統を創り出すのにぴったりの空間になりました」。

季節や歳時を印象づける、正統にして未知の味に出合う

料理は月替りで、先付から始まり、ご飯、甘味で締める正統、王道の懐石料理。時に進取や異端もあり、でもそれはあまり強調せず、日本の季節や文化が感じられる12〜15品で食べ手を魅了する。

「古典の中でもとりわけ茶道の心得である和敬清寂を学び、修得し、それを踏襲しつつ、自分らしい個性を料理にどう表現していくかを考えます。そこには、必ずおいしさが大事です。かといって、おいしさのためなら何をやってもいいということではありません」。

食材とだしを料理の要とし、全国から取り寄せる四季折々の旬の素材を中心に、季節から外れることなく、走り、盛り、名残のもので構成。店の味を担う一番だしは素材を選び、ひき方を工夫し、雑味のないだしで煮物椀を極め付けの一品に昇華させている。

この日は、白味噌の汁と白いご飯を盛った四ツ椀、向付を並べた折敷に濡れ箸を添えた「懐石膳」から始まり、歳時や季節感を取り入れた料理が続く。

「お客様の到着に合わせて炊き上げたご飯の煮えばなを味わっていただくのは、一期一会であり、お茶事の醍醐味です。食後には和菓子と抹茶をお出しし、始まりと終わりは茶懐石の形を大事にしています」

さらに、石田さんが最も自身を象徴している料理というのが「八寸」。最近は前菜としてコースの序盤に出すお店が多いが、茶懐石の流れに則り、決まって終盤のご飯の前に出している。

「茶事の中で亭主とお客が盃を交わすタイミングで出される八寸は、食事としてでなくても成立する余白のような料理。うちではメインの料理を召し上がった後にお出しする本来の順番を守っています。ただ表現は少し違って、季節感や歳時記を最も華やかに表し、あらゆる技能と知識、感性を使って盛り込みの形でおつくりしています」

コースは、端正な仕立ての料理もあれば、途中、面白味のある料理もあって、その構成で流れに緩急や強弱を生んでいる。例え

しまあじ棒寿司

目の前で切って提供する、見た目も味わいも独創的なしまあじの棒寿司。豊後水道で揚がるしまあじの中でも、2kgを超える肉厚のものを仕入れ、1週間かけて酢締めに。すし飯に胡麻、青紫蘇、ガリを入れてしまあじとの一体感を生み、上にのせたたっぷりの山葵で味わいのアクセントを生んでいる。

ば、中盤に登場する「しまあじの棒寿司」は、独自の仕立てで新味を生み、目の前で切り分けて海苔を添え、ライブ感たっぷりに供される。また、ご飯は終盤に3回に分けて出し、炊き方は茶懐石に伝わる湯を沸かして炊く〝湯炊き〟。独創的な構成ながら、食材の持ち味を多様に表現した、新しくも真っ当な日本料理である。

桜や紅葉のごとき存在、真正の日本料理店を目指す

「心を豊かにする真正日本料理」を目指す石田さんは、店を移転してから、それを実現すべく「真正五原則」を考えた。五原則とは、趣向、食材、形式、様式、茶の湯の五つで、歳時記や趣向に合わせた器使い、季節に沿う食材、一期一会のもてなし、和のしつらえ、食後の和菓子と抹茶の提供を原則としている。

「これらを今の時代に持続させるのは相応のコストがかかりますが、誰かがやらないと日本独自の料理はなくなってしまうと思うんです。それをあえてやるということは、伝え継ぐ努力と覚悟をすること。老舗でもないのにこんなことをやっている日本料理屋はうち

店の玄関は通りから奥まったところ、水打ちされた密やかな路地の先にある。屋号の「膳司（かしわでのつかさ）」は、宮中の料理や配膳を司った大膳司へのオマージュに由来。

脂ののる鰹は、提供直前にカウンターの後ろに設けた火床で炙りに。炙ることによって香りも味わいも別次元になり、目の前であがる炎と野趣なライブ感は割烹のよう。

くらいかもわかりませんね」
　脈々と続く古典を解釈し、進化させ、それを自身の個性とする。その歩みを続ける石田さんに、これからを問うた。
「歴史ある料亭が山の頂点としたら、うちの店はまだ1合目か2合目くらい。珍しさはないけれど食べると違っていて、それが記憶に残る店。桜や紅葉のように咲いたり、色づいたら、その存在を思い出してもらえるような店でありたいですね。理想はまだ先ですが、そこに行きつければ本望です」と謙虚に語る。未だ進化の途中。真正日本料理を次代に継ぐ道は続いている。

いしだ・ともひろ

1979年生まれ。東京出身。18歳で「京都吉兆本店」に入社し、17年間修行。茶懐石を通して日本文化の真髄に触れ、2008年から2014年まで副料理長を務める。2015年35歳で独立し、東京・三田のマンションで開業。2023年6月に移転リニューアル

膳司 水光庵（かしわでのつかさ すいこうあん）
東京都港区東麻布2-14-8 フィルパーク東麻布1階
TEL 03-5544-9225
営業火・木・土19：00～
水・金17：30～、20：30～
※各、一斉スタート
休日、月曜
コース4万4000円～

鮨屋という人生を選ぶ

杉田孝明

Takaaki Sugita

日本橋蛎殻町 すぎた

日本を代表する有名店になった今でも、
「日本橋蛎殻町 すぎた」には、
かつて東京のどの町にもあった
町場の鮨屋の懐かしさが宿っている。
独立して21年。昨日よりも今日、今日よりも明日、
もっと先の美味しさを追い続ける
根っからの鮨職人の心意気に迫った。

文／中原一歩　撮影／海老原俊之

握りは「小鰭《こはだ》」から始める

午後五時。かつて東京が江戸と呼ばれた時代の風情をとどめる下町に、屋号が染め抜かれた暖簾があがる。それを合図に今宵の客が店内に吸い込まれてゆく。同じ頃、真新しい白衣を纏った「日本橋蛎殻町 すぎた」主人・杉田孝明さん（以下、杉田）は、壁一枚隔てた調理場の片隅で、鏡を覗き込みながら意識を集中させていた。やがて大きく深呼吸をひとつした後、杉田は鮨職人の舞台である「つけ台」に颯爽と飛び出していった。カランコロン。高下駄の音色が実に洒脱で色気がにじむ。

「いらっしゃいまし。杉田と申します。今日はおつまみからでよろしいでしょうか」

深々とお辞儀をした後、客一組ごとに丁寧に言葉をかける。ここには、一流の鮨屋にありがちな閉鎖的なところが微塵もない。その基調となっているのは、親方である杉田のお天道様のような無垢で純粋な心根の明るさである。

献立はつまみと握りで構成される「おまかせ」が基本。季節を感じさせる酒肴を楽しみにする客も多い。酒蒸しにした牡蠣を味噌床で漬けた「牡蠣の味噌漬け」、脂が乗った鯖と大葉、浅葱、山葵を海苔で巻いた「〆鯖巻き」、そして、秋田・新政酒造の貴醸酒「陽乃鳥」に合わせるのは甘辛く炊いた「あんきも」――。

隙のない酒肴の数々につい酒が進んでしまうが、前半のつまみはメインディッシュである鮨をよりおいしく楽しんでもらうための序奏。ここは酒を飲ませることが目的ではないという哲学が貫かれている。そして、最初の一貫は一年を通じて光り物の「小鰭」と決まっている。小鰭は江戸前の海に揚がる雑魚と呼ばれる小魚で、江戸前鮨を代表する鮨種として知られている。

「鮨にしてこそ、そのおいしさを発揮できるのが小鰭です。そのためには魚を扱う私たち職人の技量も求められる。魚の目利き、包丁の入れ方、塩の振り方、酢〆の塩梅……。小鰭をおいしく仕込んで握れるようになってこその江戸前の鮨職人なんです」

このつまみから握りへと移行する最初の一貫を、杉田は何よりも大切にしている。酒肴は白身の薄造りなど淡泊なものから始まり、脂の乗ったノドグロや穴子などの焼き物。最後に味に濃い珍味へと続くのだが、だからこそこのタイミングで供される酢の効いた小鰭が、酒に慣れた口をリセットさせる役割を果たす。そして、その射し込むような旨さと繊細な余韻が、鮨を食べたいと思う客の食指をさらに前のめりにさせるのだ。

こうしてメインディッシュの幕が切って落とされるのだが、ここから続く、十数種もの鮨の中で、生の魚を切りっぱなしで握るのはとろなど鮪の脂が乗った部位だけだ。あとの

小鰭

冬に向けて肥えて脂が乗った小鰭は、片身におろし、包丁の先で真っ直ぐ切れ込みを入れて握る。口に入れたとき、酢飯と渾然一体になるように計算されている。

鮑の肝

千葉・大原産の黒鮑。つまみの場合は、あえて薄くそぎ切りにして供する。口に含むと柔らかく、弾力のある食感とともに、鮑の香りと旨味が口一杯に広がる

ねぎま

冬場に脂が乗つ鮪と甘みを増す葱。ジュワッと広がる鮪の旨味に、芳ばしい葱の香りと甘みがたまらない。薬味は山葵と柚胡椒。思わず、さらりとキレのある日本酒が欲しくなる。

魚は塩で締める。醤油や煮汁に漬ける。煮るや蒸すなどの仕事が施してある。藁で燻して薫香を纏わせる鰹や鰆なども後を引く旨さである。

「魚の多くは捌いた後、一晩から数日、塩を当てて寝かせます。そうすることで、身が熟れて旨味が凝縮するからです。締めたばかりのコリコリとした活《い》かった魚は、酢飯に合わないので使いません」

一方、最高の状態に仕上げた鮨種に合わせる酢飯にも杉田は心血を注いできた。使うのはコシヒカリの古米が中心。五つ星米マイスターの資格を有する米屋の主人と二人三脚。季節ごとに酢飯に最適なブレンドを研究してきた。

米は研いだ後、8時間以上、冷蔵庫でしっかりと吸水させる。そして、営業の直前に鉄の羽釜で一気に炊き上げる。米に加える合わせ酢は、米酢と赤酢、それに塩。砂糖は一切使わない。こうして、米一粒一粒の輪郭が立ち、それでいてねっとりとした弾力のある独自の酢飯が完成する。杉田は理想とする酢飯をこう表現する。

「あくまで魚の旨さを邪魔しない、出過ぎない酢飯を目指しています。酢飯の温度も、

珍味 三種

酒党垂涎の珍味。左から「あんきも」「鮑の肝の味噌漬け」「塩いくら」。あんきもには秋田・新政酒造の貴醸酒「陽乃鳥」を添えて。

生牡蠣

北海道・厚岸にある「仙鳳趾（せんぽうし）」の牡蠣。昆布森の豊かな海で育った牡蠣は、汐の香りと旨味をたっぷり含み、とろけるような食感。

人肌の温かいものがいいものと、冷えたものがよいものとありますので、それぞれの鮨種に合わせて調整します。鮨の印象は酢飯で決まる。だからこそ、自分の理想とする酢飯を思考錯誤しながらつくり上げる必要があるのです」

杉田は、こうして出来上がった酢飯と鮨種を手にとると、穏やかな表情で目をつむり、まるで手の中の食材の声に耳を傾け、慈しむような仕草で鮨を握る。その優美で流れるような所作に客の誰もが思わず見入ってしまう。

今でこそ国内はもとより、世界各国から杉田の握る鮨を求めて客が引きも切らないが、当の本人はどこまでも謙虚で奢ることはない。それには理由がある。

高校卒業後、杉田は日本橋蛎殻町にある「都寿司」山縣正親方の門を叩いた。鮨職人を志したきっかけは、中学時代に見た鮨屋を舞台にしたテレビドラマ「イキのいい奴」。正義感が強く、不器用で負けず嫌い。そんな真っ直ぐな杉田の性格が、ドラマの中の主人公と重なる。

その一方、厳格な職人世界の洗礼も受けた。先輩から生意気だと理不尽な扱いを受

新いか

晩夏に旬をむかえる、すみいかの子、新いか。柔らかく、ピュアなその食感がたまらない。走りの時期は丸つけ、旬になると半身2つに切って握る。

けたのだ。同期が念願の包丁を持つようになっても、「杉田は出前でもしておけ」と冷たくあしらわれた。それでも杉田は少年野球で培った雑草魂で腐らなかった。同僚には内緒で「出前迅速 都寿司」というノートを作って、どうすれば、最短距離で出前に行けるかイメージトレーニングをしていたのだ。

「雑居ビルの何階にお得意様がいるのか。配達後、どのような動線で出前の桶を回収するのが効率的か。自分だけの地図を作って考えていました。たとえ出前であっても自分が都寿司の一員で、店の役に立っているという自負と喜びを感じていました」

初めて客の前で握ったのは入店4年目。持ち前の明るさですぐに贔屓の客がついた。結局、12年の修業を経て、31歳で独立。しかし、順調なスタートかと思いきや、丸3年、全く客が入らなかった。仕込みをした魚に手をつけず、そのまま仕舞う日が続いた。間違い電話でもいいから鳴ってほしい。そんな鳴かず飛ばずのどん底の日々が、杉田の鮨を変えることになる。

きっかけは、鮨の世界で一流を指す「ピンの店」の職人との会話だった。「最近、魚が高いよな。白身で『イチサン』なんだから困っ

鯵《あじ》

鯵夏に旬を迎えるの青魚の代表格。厚みのある島根産の鯵は、生酢にくぐらせた後、生姜と浅葱を細かくたたいたものを挟んで握る。

鰯《いわし》

北海道・釧路の鰯を2枚づけに。脂がのった柔らかな鰯は酢飯との一体感が出るよう、握る前にさっと酢をくぐらせる。

たものだよ」と声をかけられたのだ。この「イチサン」というのは隠語で、仕入れた魚のキロ単価（１３００円）を指す。この時、杉田は内心驚いた。というのも、自分が使っているのは、同じ魚でも「イッパチ（１８００円）」だったからだ。

しかし、これがとんだ大誤算だった。本当は「イチサン」と言っても、キロ単価の桁がひとつ違っていたのだ。上には上がある。ザワザワと胸騒ぎにも似た刺激を感じた。杉田は、笑いながら当時をこう振り返る。

「自分は本当に世間知らずの淡水魚だったんです。自分以外の世界、知らなかったし、そもそも憧れてもいなかった。それがひょんなことで川と海の混じる汽水域を知り、勇気をもって河口に出てみると、自分の知らない大海が広がっていた。そこで初めて世界の広さを知り、自分もこの大海原で勝負したいと思うようになったのです」

ここから、本当の挑戦が始まる。当然、素材の質を上げずして、そのステージに立つことはできないことは分かっていた。しかし、そう簡単にピンの魚は買えないばかりか先立つものがそもそもない。そこで毎日、有名店の職人が集まる仲買の店に通った。最初

赤身づけ

鮪赤身の天身。これを包丁で薄切りにして、客前でごくわずかな時間"漬け"にして握る。酢飯の酸と鮪特有の香りが相まって言葉を失う。

は挨拶だけ。そこから会話をするようになって、少しずつ魚を買わせてもらえるようになった。今までとは違う良質の魚を手にすると自然と魚の扱い方、切りつけ方など鮨に対する意識がガラリと変わった。年単位での試行錯誤の末、現在の魚の仕込み、酢飯の原型がこの頃に形成されることになる。

やがて、その変化に呼応するように徐々に遠方からも客が足を運ぶようになった。料理雑誌にも取り上げられ、予約のとれない店と評判になる。そして、その数年後、食通の間で「蛎殻町にすぎたあり」との声があがる。こうして、名実ともにピンの店の仲間入りを果たした杉田の店の茶屋札（市場で鮮魚を買い付けるときに使う、専門の注文用紙）は今、東京の鮨屋の中でも、もっとも高い位置に掲げられている。

不思議なのは、日本を代表する有名店になった今でも、「すぎた」にはかつて東京のどの町にもあった町場の鮨屋の懐かしさが宿っていることだ。それは町場の鮨屋出身の杉田の矜持でもあり、自分を育ててくれた今は亡き師匠と女将さんへの感謝の証でもある。

杉田は3度生まれ変わっても、また鮨屋

中とろ

口に入れた途端、溶けてなくなってしまう中とろ。その旨さと香りを引き立てているのは、甘さを峻拒したシャリ。ハッと目の覚めるような旨さが口の中で爆発する。

春子

江戸前の真骨頂というべき春子。塩で締めた後に昆布締めにしてある。どこまでも淡く、繊細な味わいにファンも多い。煮切りではなく塩と柚で供される。

雲丹

季節によって北海道の「ばふん雲丹」。九州の「赤雲丹」を使い分ける。軍艦ではなくそのまま握ることで、雲丹のコクと香りが、口の中いっぱいに広がる。

をやりたいと断言する。それは本質的な意味で心から「鮨」を愛し、「鮨職人」という職業への誇りを抱いていなければ決して口に出来ない言葉である。

「昨日より今日、今日よりも明日。どうすれば、もっとおいしい鮨を握ることができるかと思ってやってきました。体力的にしんどい日もあれば、精神的に落ち込むことも人間だからありますが、この仕事を辞めたいと思ったことは一度もありません。毎日の変化を試行錯誤しながら楽しみ、たまに後ろを振り返れば、それまで見ていた景色が違って見えてくる。そう思うと険しい山を登るのも愉しくて仕方なくなります」

かつて若手の旗手と呼ばれた杉田も昨年、五十路にさしかかった。一日でも長く鮨を握るための身体作り、健康管理に余念がない。まだまだ若い弟子世代に負けてはいられない。と、全身に意地を漲《みなぎ》らせ、今宵も先頭に立って店を盛り上げる。果たして一流の先のどこまで行くのか。本当の人生の檜舞台は始まったばかりである。

3度生まれ変わっても また鮨屋をやりたい。

穴子

柔らかく煮た穴子は握る前に軽く炙って香りを立たせる。柔らかな身が口の中でほろりとほどけ、濃厚な味わいが広がる。甘い煮ツメか塩を選ぶことができる。

すぎた・たかあき

1973年7月生まれ。中学生の時に見たテレビドラマ「イキのいい奴」の影響で鮨職人に憧れる。高校卒業後、東京・日本橋蛎殻町「都寿司」の山縣正親方の門を叩く。30歳で東日本橋に「日本橋橘町 都寿司」を開業。その後、2015年10月、現在の場所に「日本橋蛎殻町 すぎた」を開店し今日に至る。

日本橋蛎殻町 すぎた

東京都中央区日本橋蛎殻町1-33-6
ビューハイツ日本橋地下1階
TEL 03-3669-3855
営12：00～、17：30～、20：30～
休月曜（不定休あり）
完全予約制

素材の滋味が感じられるように粉や卵液にくぐらせ、軽やかな衣をまとわせる。薄衣というよりも、揚げ上がりの姿形や素材を生かすイメージを明確にしながら衣液を加減している。

天ぷらでしか出せない美味しさを求めて

前平智一 Tomokazu Maehira

てんぷら前平

吟味した天種と独自の技法で、てんぷらならではのおいしさを追求する「てんぷら前平」の前平智一さん。18歳でこの世界に入り、46歳で独立してからも、天ぷらへの想いは深まるばかり。日々素材や油にフューチャーして、その相性を探り、コース組みの工夫で天ぷらの真味を探っている。歩みを続ける前平さんに、その極意をうかがった。

文／西村晶子　撮影／宮濱祐美子

万全の仕入れや仕込みをすませて、カウンターに立つ前平智一さん。休日には生産者を訪れ、食材探しに注力。「野菜にも油にもまだまだ伸びしろがあって、天ぷらの可能性を感じます」。

天ぷらの個性を生む野菜は、産地直送のものや、生産者に特別に作ってもらっているものが多い。きのこはかさのひだの間に油が入らないマッシュルームに限り、静岡の農園からサイズを決めて取り寄せ、ピーマンは千葉県八街市の農家で特別に育ててもらっている。とうもろこしは甘さを見て数種ブレンドすることもあり、枝豆はオリジナルの天種に。ほか、白なす、銀杏、大葉など、常時7、8種類を揃える。

天ぷらならではの
おいしさを日々追求

18歳で料理の世界に入り、天ぷらに人生を捧げてきた、前平智一さん。「天政」で8年半修行した後に、「てんぷら近藤」の天ぷらに出合い、その原点をたどるべく「山の上ホテル」に入社。約20年間研鑽を積み、満を持して2017年に独立した。

「料理人になりたくてというより勉強が嫌でたまたまこの世界に入ったんです。でも3、4年経った頃から、天ぷらは難しいけれど、面白いと思うようになりました。以来、35年間、天ぷら一筋です。ホテル時代はスタッフがいたので任せていることも多かったですが、今は仕込みもお客様に提供するのも私一人。すべてを把握でき、天ぷらに集中できています」と目を輝かせる。

日本料理の中では、天ぷらは揚げるだけの調理法と扱われがちだが、奥が深い。前平さんはその可能性を常に探り、閃きと綿密な計算で、天ぷらでしか出せないおいしさを日々追求している。

「天ぷらは、食材と衣だけでつくる料理です。一発勝負でやり直しが効きませんが、こ

天ぷらはシンプルゆえに面白い。
発想を変えるともっと違う表現ができます。

小さなピーマン

中の白い部分や種をおいしく、丸ごと食べてもらえるように、隙間なくぎゅっと詰まった親指ほどのピーマンを特別に育ててもらっている。「このサイズがとても大事。店のためだけにサイズを揃えて作ってもらっているので、ある限りすべて購入しています」。揚げることで、独特の苦みと甘みがキリッと際立つ。

揚げている間は、見るより箸で挟んだ時の感触を目安とする。ジリジリ伝わってくる感覚と天種の硬さで判断し、油から引き上げる。油は2つの鍋で太白胡麻油100％と太香胡麻油とのブレンドの2種を使い分けている。

れほどライブ感がある料理はなくて、それが愉しいんです。食材を天ぷらにどう落とし込むかを常に思い、素材や油のこと、構成や出し方など、いろんなことを考えます」

　コースは15品ほどからなり、先陣を切るのは、いかやはぜ。海老から始まる店が多いが、海老は決まって三番目で、この順番に前平さんらしい天ぷらの真骨頂がある。

「うちのコースは繊細な素材から始めて、後半に濃厚なものを召し上がっていただく流れです。なので一品目はふんわりとした旨味の魚、続いて銀杏などの野菜、その次に海老をお出ししています。甘みを主張する海老を最初に持ってくると、それ以降の素材の印象が弱くなりかねないからです」

　その後、きすや枝豆を出し、後半には磯の香りたっぷりの雲丹などが続く。この流れに合わせて、数年前に揚げ油を見直し、コースの途中で配合の違う油に変えるようになった。

食材と油で個性を生み、箸を通して知る感触で揚げる

「天ぷらの決め手は、やはり油です。油は寿司で言うシャリみたいなもので、どんなに

とうもろこしの かき揚げ

かき揚げは揚げ方に特徴があり、気を配るところが非常に多く、ハードルが高い。バラバラにほぐして粉を全体にまぶしてから衣液に入れ、混ぜると粉がはがれるため、混ぜずにお玉ですくい、下に衣が溜まって厚くならないようにひっくり返しながら油に入れる。衣に隙間をつくることで、中も外も均等に揚がるという。

枝豆

粒のまま揚げると固くなって香りが飛んでしまう枝豆は、2日がかりで独自の天種に。柔らかめに茹でて半日冷蔵庫においてからつぶしたペーストで固茹での粒を包み、それをさらに半日風干して、揚げている。塩もつなぎも加えず、そのものの味を引き出し、噛んだときに中から豆粒が現れ、あっと驚く。

魚は江戸前のネタの海老、きす、穴子のほか、かき、鮑、鱧、うに、いかなど、旬のものを揃える。多くは豊洲の信頼の置ける業者から天ぷらに向くものを仕入れ、魚種や個体差、その時の魚の状態に合う出し方や火入れ、組み合わせを考えている。最初に揚げるいかは、新いかは剥きたて、あおりいかはねかすなど、同じいかでも旨味が増すタイミングを見て提供。鰆などの銀の皮の魚や独特の香りがある青魚などは揚げない。

ネタ（食材）がよくても油がよくないとおいしい天ぷらになりません。序盤は、素材の美味しさを感じながら召し上がっていただきたいので太白胡麻油と焙煎度数を浅くした太香胡麻油を3対1の割合で合わせた油。次第に油の香りは抜けてくるからこのタイミングで鱧などの魚介を揚げ、後半は太白胡麻油100％に切り替えます」。

　コースの流れと油の相性をコントロールしながら一品一品を印象づけ、食べ疲れせず、お客の気持ちを逸らさないようにテンポよく提供している。

「天ぷらの状態は、油の中の素材を箸で持った時の感触で判断しています。姿形や色を見て、音を聞き、香りを感じながらと五感を使って揚げるとよく言いますが、営業中はお客様とお話もしますし、お出しするタイミングもバラバラですからね。ほかに気を取られていることもあるので、箸を通して感じる感覚が何より頼りなんです」

　油と並んで大事にしているのが、食材。野菜はほぼ産地直送で、中には産地に出向いて天ぷらに合う自分が好きなサイズや種類のものを作ってもらっている。

　店の看板メニューとなっているピーマンはおいしさをぎゅっと凝縮させた親指ほどのミニサイズ。きのこは中まで油が入らず、ジューシーさと旨みのあるブラウンマッシュルームに限っている。今は生産者が栽培をやめてしまったために出していないが、かつては茎が太く、葉っぱも大きくて硬くて食べられないくらいまで成長させた小松菜の根っこだけを天ぷらにしていた。かぶと大根とにんじんを合わせたような根菜独特の味わいがあって、今もつくり手を探しているという。

「天ぷらの個性は食材で決まるので、まず天ぷらに向くものを選び、組み合わせを工夫したり、出し方を考えます。特に野菜に伸び代を感じていて、まだまだいろんな可能性があると思います」。

　新ごぼうは店で2カ月ねかしてたものを使い、揚げると甘みも香りも飛んでしまう枝豆は、丸2日かけて天種に仕込んでいる。ごぼうはホクホクで甘く、枝豆は食べた瞬間に2つの食感が感じられ、豆の味わいが口いっぱいに広がる。

「食材のどの部分をポイントとし、それをどう引き出すように揚げるかを考えます。閃いてパッとやってみることもありますが、どちらかというと感じたり思いついたことをストッ

海老

天ぷらの主役とも言える海老。包丁で筋を切ってまっすぐにして揚げるのが一般的だが、海老独特の食感を残すために1箇所の関節を外すだけで揚げる。最初に揚げると甘みの余韻が強すぎて、続く素材が負けてしまうので、決まって3番目。香りと旨みがダイレクトに感じられ、胴は柔らかく、頭はサクサク。

雲丹

水分の多い雲丹は、大葉で包んで揚げる。雲丹は北海道産の馬糞雲丹。生でも食べられる鮮度のいいものを使い、あまり火を入れすぎないように衣が固まったら、引き上げる。揚げると鮮やかなオレンジ色になり、甘みが増し、生とは違う濃厚な旨味に。青じその爽やかな香りも楽しめる。

鱧《はも》

熊本・天草産でサイズ1kgの鱧を求め、骨切りして、サッと揚げる。揚げたてに添えるのは、醤油と酒で煮詰めた花山椒。ハイシーズンの4月にまとめて入手し、1年分を仕込んでいる。天つゆにも塩にも合うが、やみつきになるおいしさ。香りとピリッとした辛味がサクサクふんわりの鱧にピタリと合う。

穴子天丼

締めのご飯はオリジナルにこだわり、12月から2月までは穴子天丼に。穴子と相性のいいごぼうと生姜のばら揚げと、あさつきを混ぜ合わせたご飯の上に穴子天、さらに天丼専用の熟成醤油で作った天つゆがかかる。夏は冷たいだしで食べるかき揚げ丼、春は蛤の天茶、秋は真鯛の天ばらなど、季節ごとの味を楽しめる。

クしておき、そこから組み立てていくことが多いですね」

海老はプリッとした食感を出したくて真っ直ぐにせずにそのままの形で、とうもろこしのかき揚げは衣がベタッとならないように返すようにして油の中に入れ、定番も独自のやり方で進化させている。組み合わせも自由で、春が旬の花山椒で作ったたれを鱧に添え、芽ねぎと小柱を海苔で巻く斬新な天種もあって、一品一品の完成度の高さに驚かされる。

次なる挑戦は3つ目の鍋。さらなる進化を夢見る

「天ぷらはダイナミックな料理に思われがちですが、とても繊細で、瞬間的に素材の持ち味をダイレクトに引き出してくれる料理です。シンプルなだけにいろんなアプローチができ、発想を変えるともっと違う表現ができます。これから天ぷらの店をやってみたいと思っている人にも余地はあり、いろんな可能性があると思いますよ」

今も進化の途中にある前平さんに、今後のことを問うたところ、「3つ目の鍋を置くことを考えている」と。太白胡麻油100%、太白胡麻油と太香胡麻油のブレンド、さらに違う油で揚げる天ぷらを模索中で、「素材の持ち味を引き出してくれる油で揚げれば、天ぷらはよりおいしく、より旨味を感じてもらえると思うんです」。

まだまだ道半ばで、食材探しにも余念がない。まさに天ぷらの求道者である。

すっきりとしたしつらえのカウンターは9席。来店時間に合わせて、大根おろし、伊豆大島の焼塩、お箸、ナフキンがセットされる。天ぷらはお客の食べるテンポに合わせて提供し説明するが、食べ方の選択はお客の好みに任せている。

まえひら・ともかず

1971年生まれ。東京出身。高校卒業とともに東京「天政」で8年半修業。名なたる天ぷら職人を輩出してきた「山の上ホテル」に20年間在籍。ホテル内の「てんぷらと和食 山の上」で研鑽を積み、その間に東京ミッドタウン店、本店の料理長を務める。独立し、2017年9月に「てんぷら 前平」を開業。

てんぷら前平

東京都港区麻布十番2-8-16　ISIビル4階
TEL 03-6435-1996
営17：00～22：00（20：30L.O.）
休日曜、祝日
おまかせ2万5300円

蕎麦の畑と農家さんを守りたい

吉川邦雄

Kunio Yoshikawa

一《いっ》東《とう》菴《あん》

江戸時代から連綿と受け継がれる
〝蕎麦切り〟の文化。
そのバトンを受け継ぐ一軒が「一東菴」だ。
産地や品種ごとに丹念に打ち分ける蕎麦は
伝統を背負いながらも
新たな道程を切り拓いている。
蕎麦の実の個性を開花させる技法と
味わいの真髄を追った。

左：打ち上がった蕎麦はしなやかにして繊細。余分な打ち粉を丁寧に払ってから"生舟"と呼ばれる専用のケースに収める。

右：蕎麦包丁は自身で図面を描き、大阪・堺の刃物店にオーダー。重さを利用しながら、リズミカルにイメージする細さに切っていく。

文／上島寿子　撮影／牧田健太郎

手碾きせいろは日によって産地が替わり、この日は埼玉県三芳町産の夏蕎麦が打たれた。玄蕎麦を加えた蕎麦は漆黒の光を帯び、香ばしさと軽やかさが共存。本枯鰹節を使ったつゆはまろやかでありながらキレがあり、蕎麦の風味を引き立てる。

「蕎麦を通じて産地に興味を持ち、足を運んでくれたら嬉しいですね」と語る店主の吉川邦雄さん。女将の千賀子さんと夫婦2人で営む店はオープンから13年。予約を取らない昼は開店前から列ができる。

畑の気候・風土と生産者の想いを一筋の蕎麦に打ち込み伝えることが僕の役割だと思っています。

北海道蘭越のボタンそば、山形県の越沢三角そば、埼玉県三芳町の大地、千葉県の成田秋そば、茨城県笠間の常陸秋そば、長崎県の五島在来種……。これらは「一東菴」で出している蕎麦の産地と品種・銘柄だ。年間を通じて使うのは25産地前後。春に種を播いて初夏に収穫する夏蕎麦を含めれば、品種・銘柄は30以上になる。

店主の吉川邦雄さんはその中から毎日3〜5種類を選んで蕎麦に仕立てる。

「蕎麦の味わいは、産地、生産者、さらに圃場によっても異なります。たとえば甘味と一口に言っても手繰った瞬間に広がる爽やかな甘味もあれば、噛むほどに後からじわりと滲み出る優しい甘味もあるんですね。そういう蕎麦の多様さを知ってほしくて、毎日打ち分けているんです」

蕎麦の風味の再構築

農家から直接仕入れるのは玄蕎麦——黒々とした殻のついた蕎麦の実だ。製粉の作業は大きく5工程。玄蕎麦に混じる小さな石や小枝を取り除く「石抜き」、表面についた土や埃を落とす「磨き」、粒の大きさで4〜5サイズに選別する「粒揃え」、殻を剥く「脱皮」を経て、ようやく石臼で粉にする工程に辿り着く。

これらの中で味に大きく影響するのはまず、粒揃えだ。本来は殻の剥き残しを減らすために行なう作業だが、吉川さんは粒の大きさによる風味の違いに着目した。

「同じ畑で収穫した蕎麦の実でも、完熟した大粒と熟しの浅い小粒では味、香り、色にも差が出ます。ですから、粒揃えをした

蕎麦の実をすり潰すのが、“目”と呼ばれる臼に切り込んだ溝。この入れ方もオリジナルで、粗めの粉が挽けるように目立てをしてもらっている。

後にサイズごとに丸抜きを食べて確かめ、イメージする味わいに配合し直しているのです。いわば、蕎麦の風味の再構築ですね」

配合した蕎麦をいかに挽くか。これもまた味わいを左右する工程だ。使うのは電動の石臼、手挽きの石臼、ドイツ製のセラミック臼の3台。電動の石臼は主に細かい粉を挽くことができ、手挽きの臼は粗めの粉が取れる。小型のセラミック臼はもともと小麦の製粉用で、ダイヤルを回せば粗挽きから微粉まで自在に挽ける。殻を剥いた丸抜き（抜き実ともいう）の製粉だけでなく、玄蕎麦をそのまま挽くこともあり、それらをブレンドして味や食感に広がりを生み出している。

この日打った長野県山形村の〝信濃夏そば〟は、丸抜きを電動臼で挽いた微粉にセラミック臼の玄挽きを3割ほど配合。華やかな甘味の奥に、ほのかな野趣が顔を出す。一方、埼玉県三芳町産の夏蕎麦〝みのり〟は手挽きのみ。香ばしくも軽やかで、サクサクした食感も面白い。食べ比べると違いは歴然。蕎麦の風味の多彩さに驚かされる。

つなぎとなる小麦粉を加えるか否かも、吉川さんにとっては味の表現の一部だという。

「16年間勤めていた修業先ではつなぎ2割の二八で打っていたので僕の〝得意科目〟ではあるのですが、今は挽いた粉にふさわしい割合を考えながら加えています。もちろん、蕎麦粉によっては二八にしたり、つなぎなしの十割で打ったり。どんな蕎麦に仕立てるのかということを常に意識しています」

当たり前を疑ってみる

修業時代から変わったことには蕎麦の打ち方もある。以前は一度に2kgの粉を使って打っていたが、今はその半分、1kgまでしか打たないという。

「一度にたくさん打ったほうが効率はいいのですが、おいしさの点で疑問に感じるようになったのです。量を少なくすれば手が触れる回数を減らせ、短時間で打ち上がります。その分、蕎麦へのダメージは軽くなり、風味を損ねずに済むんですね」

当たり前を疑ってみる――。それは茹でた蕎麦の洗い方にも表れている。多くの店で行なうのは、流水で丹念に滑りを落とし、手がかじかむほどの冷水で締める手法。言うなれば従来の常識だ。しかし、吉川さんは蕎麦を泳がせるように滑りを軽く落とした後、心地よい冷たさの水で優しく締める

臼は「手挽き石臼」などを使いわける。

手挽きの臼は2台あり、どちらも岐阜県・飛騨高山の石材店に特注した品。空気が抜けて熱の籠りにくい溶岩石が使われている。回転速度と蕎麦の実の落とし方で挽き加減をコントロールする。集中力が必要になるため、深夜に作業することが多い。

方法に変えた。

「蕎麦というと、喉越しやコシを一番に考える方は少なくないでしょう。よく洗って、キンキンに冷やした水で締めるのはそのため。確かにそういうおいしさもあるのですが、肝心の蕎麦の風味は閉じてしまう。うちでは風味と喉越しが両立する温度帯を狙って仕上げています」

　吉川さんが常に心を砕くのは、蕎麦の実が持つ個性をいかに花開かせるか。蕎麦だけでなく蕎麦がきにもそれが表れている。品書きに載るのは、産地と挽き方の異なる3種類。蕎麦粉をそのまま一気にかき上げるため、蕎麦以上に味や香りをダイレクトに伝えられるのが醍醐味だという。

「蕎麦も蕎麦がきも、前提になるのは素材が持つ味。材料は蕎麦粉と水だけ、とシンプルであるがゆえに誤魔化しは効きません。つまり、農家さんに良質な玄蕎麦を育ててもらうことが何より重要なのです」

　この考えから修業時代に始めたのが産地巡りだ。今も東京近郊の産地へは時間が空くと車を飛ばし、遠方の産地は休日を使って訪ねている。わざわざ足を運ぶ理由は、良い玄蕎麦を仕入れたいという気持ちだけではない。

「蕎麦の本当のおいしさは、農家さんの想いがあって初めて生まれると思っています。蕎麦という作物に込められた想いを受け止め、食べる方々に伝えるのが僕の役割。だから、直接、顔を見て、話を聞くことが欠かせません。さらに、そのとき目にした畑の景色や、吹き抜ける風、立ち上がる土のにおいまで蕎麦に打ち込みたい。それが味にも表れると信じているのです」

　蕎麦畑を守るため、折につけ開いているのが生産者と蕎麦職人の交流会だ。これを機に生産者同士がつながり、播種のタイミングや乾燥方法などを気軽に情報交換するようになった。蕎麦屋仲間が畑に集う手刈りの会も恒例になっている。年々輪が広がり、連れ立って産地巡りをすることも多い。

「農業全般がそうであるように、蕎麦農家も高齢化は否めません。だからこそ、若く志の高い生産者を応援していきたい。今の僕にできるのは、蕎麦農家のみなさんの活力になるような存在でいること。そして、同じ意識を持つ蕎麦屋仲間を増やして、蕎麦という文化のバトンを未来につなぐことだと思っています」

この日、打った蕎麦の原料を一覧に。玄蕎麦や丸抜きの粒の大きさ、粉の細かさや質感に微妙な違いが見て取れるが、蕎麦として味わったほうがそれぞれの個性は鮮明になる。

せいろは、三枚召し上がっていただきます。

一枚目は、細挽きを主体にした山形村産の「信濃夏そば」です。

おすすめ三種せいろは産地や挽き方の異なる蕎麦の味比べができる。この日、最初に登場したのは「信濃夏そば」。丸抜きを電動臼で挽いた粉に玄挽きを少量混ぜている。ピュアな甘味が弾ける溌剌とした味わいが印象的。

二枚目は、細挽きに玄挽きを混ぜた笠間産「常陸秋そば」です。

続いて供されたのは茨城県で誕生した品種「常陸秋そば」。大粒でバランスの取れた味わいが特徴で、笠間産は旨味も濃厚。セラミック臼を使った玄挽きを多めに加えているため香ばしさがあり、ホクホクとしたふくよかな味わいが広がる。

三枚目は、細挽きに粗挽きを加えた成田産「うまみ」です。

掉尾を飾る千葉県成田産「うまみ」は、自家採種で栽培される夏蕎麦。淡く澄んだ色合いを生かすよう、丸抜きを微粉と粗挽きに挽き分けてからブレンドしている。滑らかな舌触りとともに上品な甘味がじわりと広がり、余韻も穏やかで心地よい。

「そばがき」は3種類ご用意しています。

粗碾きそばがき

粗碾きそばがきは吉川さんのスペシャリテ。ザクザクとした粒の食感ともちもちとした弾力を兼ね備え、噛む度に旨味と香りが弾け出す。この日、出されたのは埼玉県三芳町産の秋蕎麦「大地」。草に似た青い香りが立ち上がり、ナッツのような香ばしさが後を追うように広がる。

手碾きそばがき

手碾そばがきには常陸秋そばの名産地、茨城県金砂郷の手刈り・天日干しの玄蕎麦を使用。生産量の少ない貴重品だ。ねっとりとしてむちむちした口当たりはインパクトがあり、ズシンと舌に響く甘味はワイルドにして風格が感じられる。香りも鮮烈で、飲み込んだ後の余韻も長い。

微碾きそばがき

微碾きそばがきはポタージュ状の蕎麦湯に浮かべて提供。ふんわりエアリーな食べ心地で、しゅわ～と溶けるなめらかさも持ち味だ。この日は山形県の在来種「越沢三角そば」で仕立てられ、香ばしく素朴な味わいがじんわりと舌を包み込む。

三種酒肴は昼の限定品。内容はその都度替わり、この日は浸し豆、海苔ポテトサラダ、九条ねぎの卵焼き、鴨ロース、豆富と湯葉などが盛り込まれた。野菜は蕎麦農家の品を積極的に使用。「安心ですし、少しでも応援になればという気持ちもあります」。

東十条駅に程近い店は軒先を緑が彩る。行燈の文字は書家の永田紗戀さんの揮毫。店の設計は建築家の川口通正さんに依頼し、何度も話合いながらプランを練ったため、完成までに6年を要したという。コンクリートと木を融合させた空間に自然と肩の力が抜ける。

一東菴
東京都北区東十条2-16-10
TEL.03-6903-3833
営11：45～14：00（L.O.）18：00～20：00（L.O.）
火・水は昼のみ、祝日12：00～15：00（L.O.）
休日曜、月曜
おすすめ三種せいろ2,000円、手碾きせいろ1,500円、微碾きそばがき、粗碾きそばがき各1,300円、手碾きそばがき1,550円、三種酒肴（昼限定）1,500円。

よしかわ・くにお
1972年生まれ。東京出身。調理師専門学校を卒業後、ホテルの洋食部門に勤務。3年間勤め、次のステップを模索するなか、たまたま入った町の蕎麦屋で日本ならではの食文化に興味が湧き、駒込の老舗「小松庵総本家」の門を叩く。本店・支店をまわりながら16年間腕を磨き、2011年に独立・開店。

衣を食べる天ぷらを追求する

浅沼努武
天ぷら浅沼

Tsutomu Asanuma

文／中原一歩　撮影／鵜沢昭彦

天ぷらには、自分にしか出せない
味の可能性があると信じています。
そう語る浅沼努武さんは、
１９９４年、山形県新庄市生まれ。
18歳で「銀座天一」に入社。
27歳で独立を果たす。開店して3年。
若き天ぷら職人の挑戦に迫る。

ひと口めはザクッ。そしてサクサク。こんな独創的な衣をまとった鱚（きす）は、大根おろしをたっぷりと入れた天つゆで食べるのが浅沼さんのおすすめ。「江戸前の天ぷらを大切にしたいので、天つゆの復権をめざしています」と、語る。

江戸っ子は衣が厚い天ぷらを天つゆに浸して食べていた。そのニュアンスをどうやって現代に表現できるか？そう思ったとき、「衣を食べる天ぷら」のイメージが固まりました。

これが、「衣」を食べる天ぷらなのか――。

初めて「天ぷら浅沼」主人、浅沼努武さんの天ぷらを食べたとき、その新食感にたじろいだ。

まず、私の知る天ぷらとは微妙に造形が異なる。空気をたっぷり含んだメレンゲを纏わせたような衣は、イタリアの揚げ物「フリット」を彷彿とさせる。口に入れると、ザクッとした硬質感のある食感と、サクサクとしたまるで新霜を踏んでいるような軽やかで心地よい食感とが交互に味わえる。この独創的な衣で、鱚《きす》など緻密な身質の魚を食べると無闇に旨い。揚げの技術も丁寧でムラがなく、油気は一切感じられない。

将来の夢は フレンチのコックでした

言うまでもなく、天ぷらのルーツは「江戸前」にある。この言葉は曰く、「江戸湾で獲れた魚介」をよりおいしく調理した食べ物を指し、その代表格が「握り鮨」「鰻の蒲焼き」、そして「天ぷら」だった。こうした江戸前の食べ物は、粋《いき》や鯔背《いなせ》といった東京人固有の美的信条を体現する「職人」と呼ばれる職業人への憧れとともに、綿々と後世に伝承され今日に至る。

しかし、同じ江戸前でも、寿司に比べると天ぷらの専門店の数は圧倒的に少ない。その上、カウンターを隔てて、直接、客の前で天ぷらを揚げる〝さらしの商売〟であるが故に、個人店の場合、若手がデビューする機会は独立する以外にないのだ。

そんな中、貴重な天ぷら職人の養成所としての役割を担ってきた老舗が、銀座に本店を構え、全国に28店舗を展開する「銀座天一（昭和5年創業）」だ。ざっと思い出すだけでも、「天冨良いわ井（銀座）」「天ぷら銀屋（白金台）」「天ぷら車（館林）」「天白（千葉）」などを輩出してきた。18歳の浅沼さんが修業先に選んだのも、この「天一」だった。

当時、料理の道にこそ進もうと決めていた浅沼さんだったが、後に自分が人生をかけて天ぷらを極めようという境地に至るとは思っていなかったと笑う。

故郷は山形県の北東部にある新庄市。急

帆立の磯辺揚げ

「私の一品は、帆立の磯辺揚げです」と、浅沼さん。じっくりと熱を入れることで帆立の甘みを引き出しながらも、芯の部分をレアに仕立てる。塩ではなく、醤油のかえしと黒七味をふり、海苔で巻いて磯辺にして、手渡しで供する。熱々にかぶりつくと、海の香りが口いっぱいに広がる。

私の衣は、強くホイップした
卵の気泡を使って揚げるイメージです。

細かい気泡を含んだ艶やかで、滑らかな衣で揚げる。衣は、ホイッパーを使って大きく空気を含ませるように攪拌し、その上澄みを使うのが浅沼流だ。

峻な奥羽山系の山々を見上げて育ち、春には山菜採りに夢中になった。畑のある祖父母の家で過ごした浅沼さんは、若くして米の旨さや、もぎたての瑞々しい野菜の味を覚える。中学生のとき、父親の「お前は鼻と舌が効くから料理の世界にいってみたらどうだ」との助言を真に受けて、調理科のある地元の私立高校に進学。将来の夢はフレンチのコックか、洋菓子のパティシエだった。

〆の天茶に衝撃を受ける

転機になったのは、高校時代、教えを請うていた茶道の師の「狭い世界に閉じこもるな。広い視野を持て」という言葉。陸奥の田舎町しか知らない純粋無垢な青年にとって、東京という街は憧れの別天地だった。この時、恩師の紹介で訪れたのが「天一」だった。何を食べてもおいしかったが、〆の天茶には衝撃を受けた。

「世の中にこんなおいしいものがあったのか、と目が覚めるような思いでした。故郷で天ぷらというと、分厚い衣の油っぽい食べ物で、おいしいと思ったことはありませんでした。それに刺身や寿司など生ものが苦手だったので、和食には苦手意識がありまし

しっかりと揚げることで、パレルモの甘くほろ苦い味を引き出す。

パレルモ

赤ピーマンのパレルモの天ぷら。サクッ、サクサクとした食感が想像できる、美しい気泡がわかる衣だ。

た。ただ、周囲に同じ道を志す人もいなかったので、ならば本物の天ぷらを学ぼうと思ったのです」

最初は皿洗いから始まり、食材の仕込みなど見習い仕事が続いた。初めて客前で天ぷらを揚げたのは、入社から3年目。先輩の隣に立つ助手を許された。その後、自分が揚げるようになってからは、天ぷらに没頭。めきめき上達し、馴染みのお客さんもつくまでになった。

しかし、ある程度まで行くと今度は途端に大きな壁が立ちはだかった。確かに、天ぷらを揚げることはできるようになったが、それが本当に自分がおいしいと思う天ぷらなのか、わからなくなったのだ。

自分はもっとおいしい天ぷらを揚げることができるのではないか。自らに何かを課すかのように、仕事終わりの店の寮で、ひたすら天ぷらを揚げる〝千本ノック〟はこうして始まった。それに、一度のめり込むと気が済むまで突き詰める性分。あきれる同僚、先輩をよそに、多くの友人、知人がその気概を買って試食に付き合ってくれた。いつしか、浅沼が暮らす寮は「天ぷらレオパレス」と呼ばれるようになる。しかし、こうした研究

独創的な衣が、野菜の色、香り、味を引き立てる。契約農家による洋野菜にも積極的に取り組んでいる。

の成果を店で出すのは憚られた。

「お店には店の味、流儀があるので、勝手にそれを逸脱することはできない。けれども、どうしてもお客さまの反応を見たくなって、常連の方にそれを出したことがありました。おいしいと言ってくれたのですが、そのときはそれが会社にみつかり、厳しくお叱りを受けました」

江戸時代の天ぷらに着目

独立の二文字が脳裏をよぎったのは、このときだった。ちょうど同じ頃、浅沼さんは同じ「天一」出身の先輩の揚げた天ぷらを食べて衝撃を受ける。その天ぷらは口に入れた途端、衣が魔法のように儚く消えたのだ。衣の工夫でこうも違う天ぷらが表現できるのか。胸騒ぎにも似た刺激を受けた。そこから、浅沼さんの「衣」の研究がスタートした。当時、流行していたのは、薄い衣の軽い天ぷらだった。着目したのは浮世絵にも描かれている、江戸時代の天ぷらだった。

「江戸っ子は、今よりもうんと衣が厚い天ぷらを、たっぷりの天つゆに浸して食べていたんです。そうであるならば、そのニュアンスをどうやって現代に表現できるか。そう思ったとき、衣を食べる天ぷらのイメージが固まりました」

では、どのようにして浅沼さんの衣が作られているのか。材料は特段、変わったものではない。粉はふるいに掛けた小麦粉を、マイナス23℃の冷凍庫で2日間ねかせて水分を飛ばしたもの。これを何回かに分けて、ボウルの中の卵水に加えてゆく。そして、ここからが浅沼さんの真骨頂。まるでパティシエがメレンゲを作るような手付きで、泡立て器を左右に激しく動かし、思いっきり空気を入れて攪拌する。やがて、ボウルの表面には、絹のように滑らかな無数の細かい泡が立ち現れる。これが衣の正体だという。

「通常の天ぷらの衣の上澄みの部分だけを使っています。最初は粘りが全くないサラッとした衣なので、才巻き海老や鱚を揚げます。時間の経過とともに適度な粘度が出てきたら、茄子や南瓜を揚げます。ものの10分もすれば気泡はダレて使いものにならなくなるので、店では一回の営業で6回、新しい衣に作り替えます」

使う油は、淡麗旨口の太白胡麻油一本。食用油高騰の折、決して安い買い物ではないが、素材と衣を生かすためには油に妥協は

出身地の山形産など
野菜もいろいろ楽しんでいただきます。

かぼちゃ

この日のかぼちゃは「こふきかぼちゃ」。じっくりと時間をかけて揚げるため、皮目の芳ばしさがたまらない。

とろ茄子

サクサク、ほわほわ、トロトロ。茄子の持ち味が生きる。

しいたけ

出身地の山形で探してきたしいたけ。きのこ独特の凝縮した香りと風味が味わえる。

しない。180℃の油で衣を固め、今度は火を落としてやや低い温度で食材の芯に火を入れる。最初から低い温度だと、気泡状の衣が剥げて台無しになってしまうからだ。

今、浅沼さんの一押しは帆立の柱。芯をレアに揚げた後、自家製の醤油ベースのかえしと黒七味を振り、海苔で磯辺に巻いて供する。ザクッとした衣と、キルキルと筋肉質な帆立の官能的な食感の対比が面白い。噛むほどに柱特有の滋味と甘みが口の中いっぱいに広がる。

足踏みをしているひまはない

そして今、注目しているのは野菜。パプリカの一種のパレルモやチャービルルートなど、地方の農家が栽培した野菜や、地元、山形産のきのこや根菜も常備している。

天ぷら業界では最若手の浅沼さんだが、天ぷらの将来には危機感しかないと語る。

「昔に比べると、劇的に鱚、雌鯒、穴子が獲れなくなっていて、江戸前にこだわろうと思っても、そもそも仕入れが成立しない。また、新設される商業ビルは、防火の観点からガス火が使えず、電気での調理が主流のため、思うような天ぷらを揚げることができなくなる。数年後にはガス火で揚げた経験のない職人も出てくると思います」

しかし、だからと言って足踏みをしている暇はない。江戸前の魚の代わりに、例えば「甘鯛」や「太刀魚」のような魚も積極的に使う。衣を食べると聞くと閉口する客もいそうなものだが、今では浅沼さんの個性と認知されるまでになった。あの衣で、あの食材を揚げたらどうなるのだろうか。想像するだけで新しい天ぷらワールドがどこまでも広がる。

オリジナルの「衣」によって初めて抽き出される味覚世界。どんな世界にも、その歴史を塗り替える者が、いつかどこかで現れるものだが、浅沼さんは間違いなく、天ぷらの歴史を変える一人である。これから、どんな化けっぷりを見せるのか。天一時代からの馴染み客は楽しみにしている。この秋独立して3年を迎えた。天ぷらを諦めないと心に誓った若き職人の挑戦は、まだ始まったばかりである。

天茶

〆は天丼か天茶を選ぶことができる。海老のかき揚げを崩して味わう天茶にファンが多い。

あさぬま・つとむ

1994年、山形県新庄市生まれ。18歳で「銀座 天一」に入社。帝国ホテル店、日本橋髙島屋店勤務を経て、27歳で独立。江戸前の食材はもちろん、各地から取り寄せる契約栽培の野菜に力を入れ、"衣を味わう天ぷら"という新境地を開拓している。

天ぷら 浅沼

東京都中央区日本橋2-10-11 ordin日本橋ビル6階
TEL 050-3172-5977
営　昼12時から、夜18時からの一斉スタート。
完全予約制
休　水曜日
おまかせ1万6500円から

蕎麦屋の伝統と日本料理の融合

平山周

Shu Hirayama

浅草 ひら山

文／渡辺菜々緒　撮影／鈴木泰介

江戸の頃からの食の名店がひしめく浅草界隈で、
いま、蕎麦好き、和食好きたちが
こぞって通う一軒がある。
名店「ほそ川」出身の若き主人の目指す、
ありのままの自然な蕎麦のおいしさとは。
実直にひたむきに進む、その蕎麦道を追った。

客に供する時間から逆算して、1日に数回、こまめに蕎麦を打つ。都度、石臼で挽き、極力触り過ぎないように「最短ルート」での蕎麦打ちを心がける。「蕎麦は粉と水だけで他に余分なものは何も入りません。日々、変化するものなので、毎日向き合って、突き詰めていくのはとても楽しいです」。

この日の蕎麦は福井の在来種。完熟した実を殻付きの玄蕎麦で仕入れ、毎朝、店で殻を剥いている(写真)。冷蔵保存や真空パックされた実は使わずに、剥きたてのフレッシュな風味を大切にしている。

ぶれない蕎麦を打ちたい

「野菜の皮を剥《む》いたらすぐ使いますよね。それと同じで、蕎麦も殻を剥いたら、放置しないですぐに使うようにしています」

と語るのは、浅草「ひら山」の平山周さん。野球選手のような大きな体と柔和な物腰が印象的だが、内に秘める情熱が並々ならぬものであることは、その蕎麦をひと手繰りすればすぐにわかる。

剥きたての蕎麦の実の瑞々しさや生き生きとした香り。決して、われがわれがと主張するわけではないが、自然なハーモニーをまとって、手繰れば手繰るほどに体の内から洗われていくような清々しさだ。竹のせいろに盛られた端正な細切りからは江戸蕎麦の洗練がたなびくが、味わえば、野の穀物の風味が溌剌と花開くのだ。

「甘味が増す熟成蕎麦なども流行っていますが、自分は逆にフレッシュな蕎麦を打ちたいんです」

追い求めるのは、ありのままの蕎麦の自然な味わい。人の手で操作するのではなく、本来の風味をできるだけそのままに蕎麦切りに映し取ること、その一点のみ。

〝三たて〟の上をいく

挽きたて、打ちたて、茹でたて。いわゆる「三たて」は、おいしい蕎麦の必須条件だと言われるが、フレッシュさを追求する平山さんの蕎麦はまさにこの伝統の定石に倣っている。ただし、数字は〝三〟では収まりきらない。

まず、挽きたて、である前に、剥きたてだ。毎朝、黒い殻付きの玄蕎麦を機械にかけて殻剥きする。仕上げは必ず手作業で、硬い殻の残骸を完全に取り除く。

「蕎麦は粉の状態がすべて。蕎麦打ちよりも、むしろ製粉で味が決まります。でも、硬い殻が一つでも残っていると、石臼がわずかに浮いてしまう。そうすると、挽きが悪くなったり、繋りにも影響が出てしまいます。それに、目詰まりすると焼けたような匂いが出てしまうので、小まめな掃除も欠かせません」

その蕎麦の実は、福井や北海道を筆頭に、群馬、千葉、茨城など様々な産地の農家から直接仕入れているが、産地よりも大切なのは生産者なのだとも言う。

「生産者により収穫の時期も乾燥のかけ方

打ちたての蕎麦は20秒ほど釜茹でして、流水で締める。自然なありのままの蕎麦の風味を届けるために、時間的なロスをできる限り排除して、着実に作業を進めることが大切だと語る。

も変わってきます。しっかり完熟した実を天日干しにしたり、低温でゆっくり乾燥していたり。それぞれの蕎麦農家さんとの信頼関係がとても大切なんです」

故に、せいろで扱う蕎麦の実は日に一種類のみ。粗挽きも更科も打たない。複数を打ち比べるよりも、一つの蕎麦の実の果実のような瑞々しさを守ることに注力するのが、平山さんの蕎麦なのだ。

さて、硬い殻で守られていた実が剥き出しになり空気に晒され始めたら、ここからが時間勝負の本丸だ。

客の前に届いたときに一番おいしい瞬間になるようにと製粉は一日3回、一回に挽くのは1・2〜1・5kgと少量ずつ。熱を持ちにくいという貴重な蟻巣石の石臼で微粉に挽いたら、すぐに店の2階の打ち場で蕎麦を打つ。ここで大切なのは、スピードはもとより「練りすぎない、触りすぎない」こと。

「蕎麦は水と粉。剥きたて、挽きたての蕎麦粉は、水まわしをしていてもどこかフレッシュな質感があるんです。どれだけ手の介入を省けるか、伝統的な蕎麦打ちの工程を再考し、必要のないものはすべて削ぎ落とし、最短ルートで打ち上げています」

せいろ

蕎麦の実を挽くタイミングなど、粉の状態を最良に持っていく製粉までの仕事に細心の注意を払い、その上で、太さや長さなど蕎麦打ちの技術を研ぎ澄ます。「せいろを突き詰めたい」と語る平山さんの情熱が詰まった一枚。1100円。

そばがきの揚げだし

注文が入ってから蕎麦粉を挽き、練り上げたら丸めて揚げる。挽きたて、練りたて、揚げたての三拍子が揃って、とろりと瑞々しくも、弾力のある食感が白眉。油のコクとだしの香りが混じり合うのも美味。1400円。

黒豆湯葉と干雲丹

干雲丹は福井の郷土料理で、ねっとりとした磯の塩気がクセになる。自家製黒豆ゆばは、ふっくらとした豆の風味とクリーミーな食感が秀逸。二者を合わせてわさびを添えると、熱燗を呼ぶつまみに。1500円。

天ぷら

旬の素材を一品ずつ揚げてくれる、薄衣の天ぷらも人気。手前は、定番の穴子1700円。皮目からバリッと高温で揚げて、肉厚の身はふっくらと仕上げる。奥は、秋冬のお楽しみの栗。ほくほくと甘い！　900円。

「ほそ川」で学んだこと

高校時代の蕎麦屋でのアルバイト以来、ずっと蕎麦屋に憧れていた平山さんだが、修行先に選んだのは両国の名店「江戸蕎麦 ほそ川」だ。25歳でこの店の蕎麦を初めて食べたときの衝撃は忘れられないという。

「とても力強かったんです。見た目は普通のせいろですが、食べると生命力が溢れていて」

すぐに弟子入りを志願すると、主人の細川貴志さんは「お前いくつだ？　ちょうどいいな、一回来い」と即断。師匠の教えは厳しかったが、言われたことはすぐにやるというルールを自分に課し、気がつけば3年超が過ぎた。学んだのは、蕎麦打ちのいろははもちろん、むしろ、生きることへの姿勢とも言うべき何かだった。

「細川さんは情熱がすごいんです。妥協しないし、譲らない。それは単なる蕎麦打ちの話ではなくて、もっとそれ以前のものでした。でも、それが料理に現れるんです」

つまみ、天ぷらに多彩な種物も

さて、「ひら山」の暖簾をくぐったら、蕎麦の前に一献、旬のつまみや天ぷらを楽しん

かけそば

可憐な蕎麦の風味をそっと盛り立てるような、淡い色合いの香り高いかけ汁。ベースは、昆布、干し椎茸、薄削の鰹節で、飲み干したくなるおいしさ。美しい余韻が長く続き、胃の腑を優しく温める。1100円。

でほしい。平山さんは、「ほそ川」の後に和食の名店「銀座 小十」などを経て独立。品書きには、割烹と見紛うばかりの料理が並ぶ。冬ならば、穴子の煮こごり、ヤリイカとうるいのぬた和え、鰊と茄子の炊き合わせ、鴨ロース山椒煮。天ぷらは、甘鯛、白子、栗、穴子……。どれもこの後に続く、蕎麦の味を邪魔しないようにと塩梅を気遣って供される。

締めは、お待ちかねの蕎麦だ。

まずはなんといっても「せいろ」。あるいは、薄削りの鰹節のだしが効いた「かけそば」も捨てがたい。冷でも温でも好みのほうで、自然な蕎麦の実の芳醇な味わいに没入してほしい。だが実は、季節の種物も佳作揃いで、冬の「小柱かき揚げ蕎麦」は、揚げたての貝のエキスがじわりとかけ汁に滲み出る逸品。つまみ、天ぷら、そして、多彩な蕎麦。「ひら山」は、困ってしまうくらいに楽しい店でもあるのだ。

新世代の蕎麦職人のピュアな情熱に出会いに、ぜひ浅草を訪れてみてほしい。

小柱かき揚げ蕎麦

小柱と三つ葉をかき揚げにした天ぷら蕎麦。貝のエキスをたっぷり吸った衣からじわじわと滲み出る油のコクがかけ汁と相まって、思わず破顔するおいしさ。9月末〜1月くらいまで。2900円。

ひらやま・しゅう

1986年生まれ。
「江戸蕎麦ほそ川」で3年の修行ののち、
「銀座小十」などを経て、2021年独立。

浅草 ひら山

東京都台東区西浅草1-3-14
TEL 03-5830-6857
営12：00〜14：00
　18：00〜20：30
休月曜、火曜

江戸前料理で江戸の〝粋〟を伝えたい

海原大
江戸前 芝浜

Hiroshi Kaibara

海原大さんの「江戸前 芝浜」は、なべ家、八百善が閉店した今、江戸前料理と向き合う希少な店である。海原さんの原動力となっている江戸前料理の魅力とは何か？その根幹の料理を披露していただいた。

江戸前料理では、刺身包丁は「蛸引き（たこひき）」を使う。「定規のように使えて刺身を数えやすすので、宴会料理を主にしていた江戸・東京でよく使われるようになったと聞いています」と海原大さん。

文・町田成一　撮影・牧田健太郎

京料理とは違う、
江戸前の料理がある。
この魅力を
いかに掘り下げられるか。
こればかりを
試行錯誤しています。

潔い料理

「江戸前芝浜」の海原大さんを語る上で、欠かせない料理が五つある。

芝海老しんじょの吸いもの
ねぎま
ぼたん鍋
ひらめの酢刺身
芝煮

である。共通するのは、味がすっきりとしていること。盛り付けが華美ではなく質実であること。例えば、芝海老しんじょの吸いものの椀に入るのは、芝海老しんじょと出汁だけ。吸い口もつまも入らない潔さである。

「私の料理は、江戸時代の江戸で楽しまれてきた大衆的なものを軸に考えています。当時の江戸には八百善などの高級料理店があり、そのお椀は美しく飾っていたはずです。しかし、江戸の人には形式にとらわれない自由さがあって、それが江戸の魅力でもあるので、あえて吸い口もつまも入れない、京料理などにとらわれない江戸前らしい料理を作っていきたいと思っています」と、海原大さん。芝海老しんじょの吸いものは、人と違うも

かつお節は、鹿児島県枕崎産の近海一本釣りのかつおで作った本枯節の雄節を開店直前に削って使っている。

のを出したい。という海原さんの思いがよく現れている。

しんじょの味付けは塩だけ。お椀のだしは、枕崎産の近海一本釣りかつおの本枯節でとっただしに、塩とわずかな濃口醤油で味を調えるだけ。味わいも潔いのである。

「江戸にも昆布は来ていましたが、江戸の水に合わないこともあり、料理屋のだしとしてはかつお節が使われていました。味がすっきりとしているので、昆布だしよりも酒がすすむと思っています」。

ねぎまも、吸いものと同様の潔さである。煮汁は、かつおだし。これに塩と濃口醤油と酒で味を調えただけ。砂糖や味醂を加えないのである。これで、本まぐろと長ねぎを煮る。醤油と味醂をきかせた甘辛いだしで長ねぎとまぐろを煮るお惣菜として現代に伝わるねぎまとは違うものなのだ。

「醤油に砂糖や味醂を合わせた甘じょっぱい甘辛味は、蒲焼のたれ、そばつゆ、佃煮などに代表されるように江戸の味として今に伝えられています。しかしそれは、江戸時代の最後の50年ほど、１８００年代に入り醤油に加えて砂糖や味醂が普及したことにより生まれた一つの流行なんです」。

それ以前に目を向ければ、味の幅が大きく広がる。甘辛味だけではない江戸の味がある。砂糖や味醂に頼らない料理にこそ江戸前の真骨頂がある。と、海原さんはいうのだ。

江戸の甘辛味のルーツ

しかし、江戸で甘辛味が大いに好まれたのも事実。その源はどこにあるのか。

「それは江戸味噌にあったようです」と、海原さん。日本酒にかつお節と江戸味噌を加えて火を通して濾す、いわゆる煮抜き（煮貫）を作ると、これが現代のそばつゆとして違和感のない味になる。醤油も砂糖も味醂も使わないのに、すっきりとした甘辛味になる。これが江戸味噌なのだ。

江戸味噌は、いわゆる江戸の味噌として定説となっている江戸甘味噌とは違うもの。港区海岸に本社のある日出味噌醸造元の河村浩之社長が、古い文献をあたって現代に復活させた味噌である。その特徴は、大豆とほぼ同量もの米麹を使うこと。だから、季節にもよるが、わずか2週間ほどで味噌になる。味わいはフレッシュな甘口だ。米麹をたくさん使って短期間で味噌にするという意

芝海老しんじょの吸いもの

吸いものは、かつお節でとっただしに、塩と濃口醤油で味付け。だしに昆布を使わないのが江戸前料理の流儀。芝浜では日本酒も使わずに、すっきりとした味わいで楽しませる。椀種の芝海老のしんじょは、すり身にした芝海老を卵黄などでつないで茹でたもの。味付けは塩だけ。

芝海老は、かつて漁港のあった芝を代表する魚介の一つだったが、現在は水揚げがないため佐賀県の有明海産を使う。

上：芝浜の長ねぎは千住ねぎ（東京のブランドねぎの千寿葱の原種）。鮪は、本鮪の背トロを大きく切って使う。
下：本鮪の背トロの筋が、とろっとして美味しくなるまで8分ほど煮る。鮪を噛む楽しさも味わえるのが芝浜流。だしはかつおだし。塩、濃口醤油、日本酒で調味。

ねぎまは、江戸前芝浜では、コースの掉尾を飾る料理。主人か女将が客席で調理して供している。「〆は汁かけ飯にするのが江戸のスタイルです。炊きたてのご飯に鍋のだしをかけます。薬味は黒胡椒がおすすめです」と海原さん。

味では、京都の西京味噌と同じ。違いは、江戸味噌は濃い赤かっ色をしていること。西京味噌は大豆をゆでて製造するので白くなり、江戸味噌は大豆を蒸すから赤くなるという。さらに塩分量が江戸味噌のほうが多いことから、江戸味噌は甘口でもサッパリとした味になる。信州みそや仙台味噌に慣れた口でもおいしく楽しめる。

「河村社長に伺った話ですが、江戸の町には約１８０軒の江戸味噌の醸造元があり、江戸の住人は毎朝のように飲む味噌汁などのために、その都度使う分だけ、出来立ての味噌を買っていたようなんです」と、海原さん。つまり江戸味噌は、醤油が普及する以前から江戸で日常的に親しまれてきた、まさに江戸の味だったのだ。それが途絶えたのは、関東大震災と第二次世界大戦によってだという。

海原さんのぼたん鍋は、この江戸味噌を味付けに使っただしでいのしし肉を煮て食べさせる。酒も味醂もかつおだしも加えない。「江戸味噌を使ったすっきりとした甘辛味が、素材を生かしてくれます。いのししだけでなく、鶏、あんこう、くじらを煮てもおいしくいただけます」。これぞ江戸の味。くどさと

ねぎま

ねぎまは、長ねぎとまぐろを醤油味で煮る江戸前料理。「ねぎまは食事の最後にお出しするので、日本酒も加えて少しコクのあるお味で楽しんでいただきます」と海原さん。薬味は江戸前流の黒胡椒。叩きたてを供する。前半は薬味なしで、後半にだしに入れて食べるのが海原さんのおすすめ。

鍋出汁の味付けは江戸味噌が主体。江戸味噌は米麹をたっぷりと使う、日出味噌醸造元が現代に蘇らせた江戸の味である。

ぼたん鍋

ぼたん鍋は、いのしし肉の鍋で、江戸時代から江戸でも楽しまれてきた料理。味付けは甘めの味噌味が一般的。芝浜では、いのししのスネ肉などでだしをとり、江戸味噌を溶いた、比較的すっきりとしただしで、いのししと野菜を煮て食べる。「だしに日本酒を加えると味がくどくなるので使わない」と、海原さん。見た目よりも薄味のため、濃い味の好きな方や、途中の味の変化を楽しむために煮抜きも添えて出している。煮抜きとは、日本酒に江戸味噌とかつお節を加えて煮て漉した江戸の味。

野暮ったさのない旨さである。

酒に寄り添う〝塩酢〟の刺身

すっきりとした江戸の味として異彩を放っているのが、海原さんの酢と塩で食べさせる刺身だ。ひらめ、かれいなどの白身はもとより、江戸で身近だったあじを、醤油ではなく、酢に塩を溶いたものでいただく。

「食文化史研究家の飯野亮一先生に教わったのですが、室町時代に酢を使った料理が増え、日本料理の花形として向付に供されるなます料理が発達します。なますは生の魚肉に酢をかけて食べることからその名が付けられました。刺身はなますの一種として生まれ、酢をかけるのではなく小皿を別添えにしてつけて食べるものを区別して刺身と呼ぶようになったそうです」。

醤油が普及する以前の江戸の刺身というと、梅干しと日本酒などで作る煎り酒が取り上げられることが多い。しかし、もっとシンプルに刺身を味わう方法があったのだ。醤油は酒に合わないと感じることが多々あるが、酢と塩で食べる刺身は酒に見事に寄り添う。これこそ現代に伝えたい料理である。

ひらめの酢刺身

芝浜では、ひらめ、かれい、あじなどの刺身を、醤油ではなく、塩を溶いた酢で食べさせる。江戸に醤油が普及する以前の伝統的な食べ方だという。白身魚に使う酢は、大吟醸酒の酒粕で作ったやわらかな赤酢。あじは酸味の強い米酢か穀物酢を使う。塩酢の前に、刺身にちょっと塩を付けると、より美味しい。醤油よりも酒によく合う。

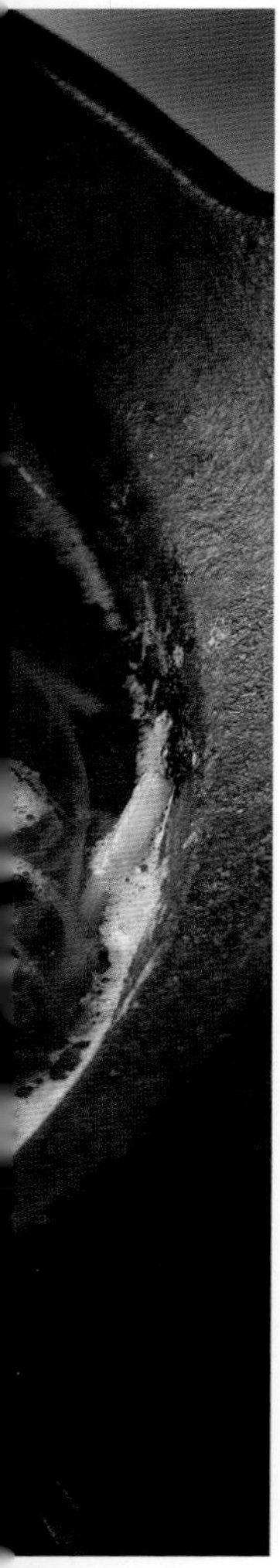

芝煮

芝煮は、芝に揚がった魚介を煮た江戸前料理。材料は、芝海老、きす、あなご、はまぐり、わたりがに。海原さんは、あなごの骨、わたりがにの殻などでだしをとり、塩と濃口醤油で調味。日本酒は使わない。素材のだしの旨みで魚介を楽しませる。長ねぎ、三つ葉、生姜の千切りが敷いてあり、魚介と一緒にいただく。

芝の地の味を掘り下げたい

最後にご紹介したいのが「芝煮」である。江戸時代の芝(今の港区芝)には漁港があり、そこで揚がる魚介は「芝もの」「芝魚」と呼ばれていたという。その地場ものの代表格が芝海老で、ほかに、きす、めごち、はぜ、あなご、はまぐり、わたりがになど、当時の大衆魚介が主だったという。

芝煮とは、江戸時代の文献では雑魚煮とも呼ばれた料理で、これら各種の魚介を集めて煮た料理だという。海原さんの言葉を借りれば「江戸のブイヤベース」である。海原さんの芝煮は、芝海老、きす、あなご、はまぐり、わたりがにを基本に使っている。味付けは塩と醤油。現在は日本酒も使わずに、魚介の旨味をいかに引き出すことができるかを模索しながら、その味の完成をめざしているという。

「私は20代の修業中に銀座の大羽で芝海老しんじょと出会って感動し、芝海老のおいしさに開眼しました。そして文献で芝海老を使った芝煮という料理があることを知って、出身地の品川に近い芝で、芝海老と芝煮を軸にした江戸前料理の店をやろう、と決意したのです」

修業先は一般的な日本料理店でとくに江戸料理を扱っていたわけでないという。しかし休日に、銀座の大羽、原宿の重よし、そして、江戸前料理で名高い大塚のなべ家を食べ歩くことで東京の日本料理、江戸の料理、江戸由来の食材と出会い、どんどん江戸前料理に傾注していったという。

「華美なものは性に合わないこともあって、江戸の質実な面に心が動いたのかもしれません。芝煮だけでなく、こはだやあなごを使った料理など、芝の地の味をもっともっと掘り下げて、江戸の人たちが大切にした粋《いき》を料理で表現できたら格好いいと思っています」

これが海原大さんである。

かいばら・ひろし

1979年、東京・品川生まれ。学生時代は陸上競技の中距離の選手。グラフィックデザイナーを志すが、飲食店でのアルバイトをきっかけに、22歳のときに料理人になって将来独立することを決意。葉山の日影茶屋、白金の心米などで修業ののち、平成21年1月、30歳で東京・芝に「食事太華」を開店。その後、江戸前料理で名高い大塚なべ家の福田浩さん、食文化史研究家の飯野亮一先生などに師事し、江戸前料理の研鑽を深める。令和3年6月、42歳で江戸前料理専門の「江戸前　芝浜」を開店、現在に至る。2023年版ミシュラン東京に初掲載を果たす。

江戸前 芝浜
東京都港区芝2丁目22-23
TEL 03-3453-6888
営17：30～22：00（21：00L.O.）
休不定休
※料理は、コース仕立てで予算は1万5000円ほど。21時以降は「よる芝」として営業。おでんなどをアラカルトで楽しめる。酒は、剣菱などの江戸で人気だった上方からの下り酒、江戸開城や金婚などの東京の酒蔵の酒各種が揃う。

第二特集

日本の魅力再発見

フランス人シェフから見た日本の食文化の魅力
リオネル・ベカ
ESqUISSE

新しい愉しみ方で日本茶の世界を広げる
櫻井真也
櫻井焙茶研究所

料理人の覚悟を支えるハレの日の和包丁
澤田裕介
子の日

日本酒の50年と近未来
長谷川浩一
あおい有紀

陶芸家と料理人の真剣勝負
山口真人 VS 奥田 透

山ノ霞
七賢
SPARKLING SAKE
特別純米酒
でんしゅ
田酒

フランス人シェフから見た日本の食文化の魅力

リオネル・ベカ

Lionel Beccat

——「ESqUISSE（エスキス）」エグゼクティブシェフ

和食は素材へのアプローチが
自然に寄り添い、調和しています。
一言でいえば“juste（ジュスト）”
正しくあるべき位置にある、
力強さと静けさを感じます。

文／瀬川 慧　撮影／合田昌弘

リオネル・ベカ

フランス・コルシカ島生まれ。南フランスのマルセイユで育つ。1997年より、ミッシェル・トロワグロのブラッセリー「ル・サントラル」、「ギィ・ラソゼ」、「ペトロシアン」で研鑽を積む。2002年より、ミシュラン三ツ星の「メゾン・トロワグロ」でスーシェフを務めた後、2006年に来日。東京にオープンした「キュイジーヌ［s］ミッシェル・トロワグロ」のエグゼクティブシェフを5年半務める。2011年フランス国家農事功労賞シュヴァリエ受勲。2012年に「ESqUISSE（エスキス）」エグゼクティブシェフ就任。

ほかの国と比べて、日本人は
食べたときの喜びを深く感じて
大事にする国民です。
料理人として、日本料理は
すごく魅力的で面白かった。
その豊かさに圧倒されました。

和食を知ったのはフランス・ロワンヌで、ミッシェル・トロワグロからです。当時は今ほど日本の食材や料理についての情報がありませんでしたが、ミッシェルは20年以上前から日本に通っていて、さまざまなことを教えてくれました。実際に、ミッシェルがつくる料理の中にも日本的な要素がうかがえました。

初めて来日した2006年と今とでは目まぐるしく世界が変わり、SNSも発達しています。もし私が今、日本に来たとしたら、それは既知感のあるものになったと思います。2006年はまだそうした情報はなく、まったく違う世界に上陸したという感じでした。だからこそ、ゆっくり時間をかけて、日本の歴史や文化、宗教、日本人ならではの道徳観、精神性などを読み解いて、理解することができました。

和食を食べている日本人を観察して、どういうところをおいしいと思うのか、何故この店の料理が支持されているのかというような、食べ手の方に興味がありました。他の国と比べて、日本人は食べたときの喜びを深く感じて大事にする国民です。地域によっても郷土料理などがあり、それがとても興味深かったですね。もちろん料理人として、日本料理はすごく魅力的で面白かった。その豊かさに圧倒されました。

「料理は書道にも似ている」とリオネルシェフ。

「キュイジーヌ［s］ミッシェル・トロワグロ」にいた頃は、私の料理にここまで日本の要素は表れてなかったと思います。それは自分の中で日本文化を消化するのに10年かかったからです。10年かかって、ようやく自分の中に積もってきた日本というものを表現できるようになりました。

日本料理を一言でいうなら、フランス語で「jusute（ジュスト）」です。正しい、あるべき位置にあるということ。食材の選び方にも意味があるし、体にもいい。音楽でいえば、音程が外れていない正確さ。それが一番の魅力です。イメージでいうと山を歩いていると小川があって、その畔に腰かけると聞こえて

日本の食材や技術をゆっくり時間をかけて
自分の中で熟成し、昇華した一皿

日本…

白いか…

下処理をした白いかは3%の…

ら、一晩かけて水分を飛ばし、身を…

ルトリューズ、塩、砂糖でマリネ。ヴェルヴェーヌの香りのする白家製ワインを加えたマヨネーズベースのリッチなソース、鱒子、かぼすの上に、白いかときゅうりを交互に並べる。表面にさっと塗ったゼリー状のソースのとろみは本葛粉、ヴェルヴェーヌのワイン風味を潜ませている。直接、和食にインスパイアされたものを表現するのではなく、いったん自分の中で熟成し昇華したものを表現する。

存在に優劣をつけるのではなく、
かさごを取り巻くすべての調和を大切にする

日本料理にインスパイアされた料理

かさごと自家製ガルムソース いろいろなガルニチュールと

リオネルシェフが大好きな魚の“かさご”は、夏に脂がのる。かさごは前の晩におろして、一晩冷蔵庫で余分な水分を飛ばし、シンプルにポワレに。これに合わせたのが、去年仕込んだという自家製ガルムのソース。一年熟成させたガルムは気品のある味になり、そこに発酵バターを加えてソースに仕立てている。柑橘やスパイス、ハーブのアクセントを効かせた繊細なガルニチュールの野菜（生姜、セロリ、オニオン、プルーン、茄子）も一つ一つ、かさごと同じくらい大切なもの。かさごを取り巻く調和を大切に盛り付ける。

くるせせらぎの音。それが日本料理です。何も雑味がなく、自然で清らかで調和がとれています。

たとえば、この「白いかと胡瓜　酒粕ソース」は、直接的な影響というより、間接的な影響があちこちにあります。たとえばいかを切る方法であったり、自然に在るものに近づけたいという欲求であったり。そういうことは、実は日本料理の影響のような気がします。オマージュを捧げるという料理ではありませんが、私自身の日本の文化に対するリスペクトの気持ちが、自然にこういう形になって表れました。この寄り添っている調和の中に力強さもありますし、純粋さもあれば、静けさもあります。それは自分が実際に日本料理をいただくときの気持ちに似ています。

もう一品の「かさごと自家製ガルムソース」も基本的に同じ考えです。この料理には素材へのアプローチが表れているのですが、これは日本人の素材との向き合い方です。一つ一つの素材を尊重して向き合い、どうしたらおいしくなるか、どうしたらもっとよくなるかを長年悩みながら考えるのが日本人だと思います。フランス料理の場合は、もちろん食材をリスペクトしますが、一つ一つにフォーカスして悩んだり、その価値を高めるようなことはしません。それよりはいろいろな食材を混ぜて、別のものを創造する方にベクトルがいきます。

ですから、これは私が日本で暮らして、日本で料理をしているうちに、自分の食材との向き合い方が日本料理に触れて、こういう自然の調和を大切にした形になったのだと思います。それは単純に日本料理から影響を受けたというより、日本人の哲学、文学、道徳からの影響が大きいといったほうがいいかもしれません。

私は日本料理の未来に期待をしています。何故なら、若い料理人たちが素晴らしいからです。文化を大切にしながら、好奇心を持っていてインテリジェントだし、視野が広い。海外の訪日客数も、記録を超えました。日本に来る外国人は、やはり〝食〟に期待をしていると思います。おいしいものを食べるためだけに、日本を訪れる人も少なくありません。それはフランスを訪れる観光客と、同じ欲求ではないでしょうか。

それよりも私は日本人の日常の食生活が変わってきているのが心配です。メディアにもフレンチやイタリアンのシェフたちが登場する機会が多い気がします。もっともっと和食のシェフたちが全面に出て、普段の日本人の食生活をよくしていかないと。それが一番重要なことではないでしょうか。（談）

『エスキスの料理　インスピレーションから創造する料理の考え方』リオネル・ベカ著（誠文堂新光社刊）

「ESqUISSE」
東京都中央区銀座5-4-6　ロイヤルクリスタル銀座9階
TEL 03-5537-5580
営12：00～13：00（L.O.）
18：00～20：00（L.O.）
休水曜（不定休あり）

新しい愉しみ方で日本茶の世界を広げる

櫻井真也

Shinya Sakurai

文／上島寿子　撮影／宮濱祐美子

櫻井焙茶研究所

心手相髄《しんしゅそうずい》——。一煎、一滴に心を込め、
髄に染みわたる日本茶本来の味わいを追求しながら
柔軟な発想で新たな価値観を提唱する「櫻井焙茶研究所」。
多彩な味わいを描き出す、お茶の〝ラボ〟の真髄を探った。

茶葉のプレート。上から、煎茶、焙じ茶、ブレンド茶。季節ごとに産地や製法などが異なる各6種類が並ぶ。説明を受けながら好みの茶葉を選ぶ時間も楽しい。

日本茶は世界に誇れる唯一無二の文化。
お茶の〝出口〟を増やすためにも
愉しみ方は自由であっていい。

「櫻井焙茶研究所」があるのは青山通りに面したスパイラルビルの5階。茶葉が並ぶショップの傍らを抜けると、カウンター8席の茶房が現れる。つくばいに見立てた鉢には絶え間なく水が流れ、その並びで湯気を上げるのは鉄の釜。静かな空間で茶師である店主の櫻井真也さんが、美しい所作で一煎一煎、丁寧にお茶を淹れていく。

「お茶には『心手相髄《しんしゅそうずい》』という言葉があります。心を込めるとそれが手を通じてお茶の雫となり、お客様の骨の髄まで沁みわたる。つまり、相手を思って淹れることがおいしさにつながるんですね。ペットボトルを買えば手軽にお茶は飲めますが、実はこれこそが日本茶本来の味わいなのです」

一煎のために心を配るのは、まず茶器。玉露であれば、茶葉が均一に広がる平宝瓶という取手のない平たい急須を選ぶ。湯の温度は35℃。3分間ゆっくり抽出すると、玉露の特徴である旨味成分が充分に引き出されるという。その味わいはまさしく甘露。凝縮された旨味の玉が舌の上を転がるかのようだ。対して、香りを愉しむ焙じ茶は90℃の湯でさっと抽出する。きな粉に似た香ばしさの後、ほのかな甘味と苦味がふわりと開き、

飲み口はすっきり。普段飲むお茶とは別次元で発見の連続だ。

お茶の心得は守りつつも櫻井さんの発想は柔軟。品書きにはお茶のコースがあり、そのなかの焙じ茶は煎りたてで供される。焙烙から立ち上がる香ばしい焙煎香は〝馥郁〟という言葉がぴったり。煎りたてならではのフレッシュな風味を堪能できる。

ブレンド茶も従来の日本茶にはなかった愉しみ方だ。組み合わせるのは旬の果物やハーブ、スパイスなど。乾燥させたものを茶葉に混ぜた品のほか、コースにはフレッシュな素材を淹れたてのお茶に合わせたカクテルのような一品も織り込まれている。

「ブレンドをすると一つの茶葉から多彩な味を生み出せて、四季も感じていただけます。この店では日本の暦である二十四節気をもとに、毎月2回、新たなブレンドを加えているので、つくったレシピは400以上になりますね。伝統や形式は基礎として大切ですが、お茶はもっと自由であっていい。間口を広げれば、お茶に親しむ機会を増やせます」

そう語る櫻井さんだが、以前はお茶を意識して飲んだことはなかったという。向き合い始めたのは20代後半。バーテンダーとして

5500円のコースのお茶は玉露、ブレンド茶、焙じ茶、お薄の4種類。写真は玉露の二煎目。櫻井さんの出身地、長野県小布施町にある「桜井甘精堂」の栗かの子が添えられる。

の腕を買われ、和食店「八雲茶寮」や和菓子店「ＨＩＧＡＳＨＩＹＡ」に勤務したのがきっかけだった。

「当時、中目黒の『ＨＩＧＡＳＨＩＹＡ』にはお酒を飲みながら和菓子を召し上がれる茶房があり、カクテルをつくりながらお茶も淹れるようになりました。お茶はお湯の温度や抽出時間で味わいがガラリと変わるところが面白さ。本質を学ぶために茶道の手習いも始め、知れば知るほどお茶の世界に引き込まれていったのです」

そのなかで櫻井さんが目を向けたのは日本茶が持つ可能性だ。食事との合わせ方や先に紹介したブレンド茶のようにほかの素材との組み合わせにより、味わいや愉しみ方に広がりを生み出せる。

ただし、一方で危機感もおぼえるようになった。生産者の声が耳に届いたからだ。

「『ＨＩＧＡＳＨＩＹＡ』には各地のお茶農家さんが、自分のお茶を扱ってほしいと訪ねて来ていました。どんなに頑張ってつくっても、その良さを表現する〝出口〟が少ないと言うのです。確かに、時代は変わっているのに、日本茶業界は旧態依然。今、誰かがアクションを起こさなければこの先も変わらず、いつか衰退していくのではないか。そんな思いが日増しに強くなり、独立して日本茶に特化した店を開くことにしたのです」

そこで生かされたのが、日本茶の世界に横から飛び込んだがゆえの自由な視点だ。先述の煎りたての焙じ茶は、まさにコーヒーがモチーフ。浅煎り、中煎り、深煎りと焙煎度合いを変えることで、コーヒーを愛好する若い層にも親しみをもってもらえるだろうと考えた。新茶の時季だけ盛り上がる日本茶業界にあって、ブレンド茶がもたらす効果も大きい。季節ごとの味わいを提案できるからだ。さらに、品書きには煎茶ジン、焙じ茶ラムといった茶酒も載る。その豊かな発想はどこから来るのか。

「一つはバーテンダー時代の蓄積。カクテルの組み立て方はそのままお茶にも応用できるんです。もちろん、アンテナは常に張っています。外で食事をするときも、季節感の演出や素材の組み合わせなどを記憶したり。加えて、大事にしているのは日常の感覚です。今日は涼しい風が吹いているなとか、雲が夏から秋に変わったなとか。ちょっとした変化を感じ取ることで、自然にインスピレーションが湧いてくるんです」

コースを締めくくるのはお薄。この日は「茶方薈」の“葉末”が点てられた。若葉の香りが清々しく、旨味とともにキレのよい渋味が広がる。季節の甘味「HIGASHIYA」の林檎羹と。

コースは和菓子付き。お茶とのセットや単品でも注文できる。栗羊羹と棗バター以外は季節で替わり、秋は大徳寺納豆を加えたこし餡を時雨生地で包んだ“京時雨”などがお目見え。

焙じ茶は焙烙で煎ってから素早く急須へ。高温の湯で抽出する。この日は抹茶の原料となる碾茶の茎を中煎りに。きな粉のような香ばしさが味わえる。

そうした知識、経験、感覚は店の空間づくりでも発揮されている。聞けば、茶房の入り口を狭くし段差を設けたのは、茶室のにじり口のイメージからだという。天井も茶室を意識してあえて低くしている。

「ただ、純和風にするのではなく、カウンターはバーの雰囲気にして、台湾や中国のお茶の様式も融合させています。非日常的なので、入ってきたときはみなさん、ちょっと緊張するんですね。でも、座ると安心感があり、そこに一杯のお茶が出てくることで気持ちがほぐれ、最終的にはリラックスして帰っていかれます。そのギャップもこの空間のテーマといえますね」

ちなみに、櫻井さんをはじめスタッフは白衣を纏うが、それにも意味がある。「茶は養生の仙薬」という言葉が伝わるように、昔は薬として飲まれていたことがまず一つ。また、店名の通り、お茶の愉しみを創造して研究するラボでもあるため、白衣が相応しいと考えたそうだ。

現在、櫻井さんはこの店の経営に加え、「一般社団法人　茶方薈」の草司としてお茶の啓蒙活動を行ない、茶葉を製造・販売する「SABOE株式会社」でも商品開発や店

ブレンド茶

コースのブレンド茶にはフレッシュな素材を使用。この日は巨峰をすり潰し、その果汁を三煎目の玉露にブレンド。脚付きグラスに注ぐとカクテルのようだ。

舗運営に携わっている。さらに、「櫻井焙茶研究所」でもカジュアルに日常使いできる新店舗を計画しているところだという。

　そのようにさまざまな形で日本茶の魅力を発信していけば、日本茶業界全体の活性化につながるだろう。櫻井さんが目指す先は、まさにそこにあるという。

「日本茶の魅力が理解されれば、家庭で飲む人が増えるだけでなく、レストランなど飲食店での導入も多くなるでしょう。するとお茶の価値が上がり、茶器・茶道具をつくる人やお茶農家さんの励みになるばかりか、正当な評価を受けることもできるようになります。そういう好循環が生まれれば、『お茶に関わる仕事ってかっこいい』『お茶の栽培をしてみたい』という若い人たちを増やすことに結びつく。ひいては、日本茶の文化を国内だけでなく、海外にもますます広めていくことができるのです」

　全生産量に対して日本茶が占める割合は1・5％程度にしか過ぎない。とはいえ、蒸してつくるお茶は日本固有のもの。唯一無二の世界に誇れる文化なのである。希少な日本茶をいかに守っていくか。櫻井さんがそのキーマンの一人であることは間違いない。

さくらい・しんや

1980年生まれ。長野出身。バーテンダーとして銀座のバーなどに勤めた後、和食店「八雲茶寮」・和菓子店「HIGASHIYA」のマネージャーに。2014年に独立し、「櫻井焙茶研究所」を設立。「一般社団法人 茶方會」では、国内外での呈茶やセミナーを行うほか、メニューの企画・提案、淹れ手の育成などを担う。

櫻井焙茶研究所

東京都港区南青山5丁目6番23号
スパイラル5階
TEL 03-6451-1539
営11：00～23：00（22：00L.O.）
土・日・祝日11：00～20：00（19:00L.O.）
※19：00よりバータイム。要予約
休無休（スパイラルに準ずる）
コース5,500円～、茶と和菓子1,950円～、茶酒1,620円～、季節の和菓子460円～
※すべてデイタイムメニュー。バータイムはメニューが異なり、コース内容も変わる。

「酢」表遣いと裏遣いを識ること

「酢を制するものが日本料理を制す」とまで言われるのはなぜか？

日本料理には、味付けや調理法に「酢」が付くものがたくさんある。

例えば「二杯酢」だ。これは醤油と酢を一対一で合わせたもの。「三杯酢」は醤油と酢と砂糖。「土佐酢」は鰹出汁をベースに酢で加減をする。「黄身酢」は卵黄に酢と砂糖を加える。「吉野酢」は甘酢に葛粉でとろみをつける。「梅酢」は裏漉した梅肉を、酢、砂糖、濃口醤油などで味を調える。

ほかに、すし酢、甘酢、胡麻酢、白酢、緑酢、みぞれ酢、南蛮酢、加減酢、生姜酢など、あげればキリがないほどである。「あちゃら酢」というものもある。甘酢に鷹の爪や昆布を入れたもので、蓮根などの甘酢漬けはこれになる。「お向酢《むこうず》」もある。柑橘や酢などの加減酢の一つで、懐石料理の向付の昆布締めなどにかける。これらの調味した酢は、近年はゼラチンを加えてゼリー状にして食材に添えるようにもなった。

このように、日本料理と酢は切っても切れない、酢は日本料理における出汁とほぼ同じ程度の重要な関係性にあるものだと思っている。

酢の裏遣いとは？

日本料理における酢の使い方で大事なことは、酢の物のように酢を全面に出した、酢がなければ料理にならないものがある一方で、酢の酸味を表に出さず、酢が裏側から支える料理もあることだ。酢がほんの少し入ることで塩梅がよくなり、料理自体を引き立てる。これが日本料理にはたくさんある。

例えば胡麻酢だ。胡麻だれは、胡麻に煮切り酒、醤油、砂糖を加えて胡麻の風味を出しながら少し甘くもっていく。それに少しの酢を加えた胡麻酢にし、野菜や茸の和えものにすると、食材の持ち味、甘みが引き立つ。酢が入ることによって、口の中で食材が調和して大事な要素を得るわけだ。

夏の緑酢も同じ。きゅうりをすりおろしたものと甘酢で味を調え、例えば鱧や蛸を緑酢和えにすると、強い素材を酢ときゅうりが美味しく中和してくれる。お豆腐を衣にした白和えも、酢を少し加えることによって、味が洗練される。大根や蕪をすりおろしたものに、ちょっと甘酢を加えたみぞれ酢にすると、これも食材自体を上手に引き立てる。

このような、ほんのちょっとの酢加減が、

銀座小十の奥田透さん。どうしたら美味しい日本料理ができるか。それを真摯に追い続ける。

日本料理の調和や中和をつかさどっている。酢だけでは酸っぱくて食べにくい。しかし、酢は、出汁、醤油、砂糖などの食材や調味料と上手に組み合わせることによって、日本料理独自の新しい調味料になるのだ。

つまり、酢の物や南蛮漬けのように酢が全面に出てくる、酢が表立っている料理を酢の表遣いの料理とすれば、胡麻酢や白酢和えなど酢を表に立たないように使う酢の裏遣いもあるということだ。これこそが日本料理の本質の一つ。日本料理において、「酢を制するものが料理を制する」と言っても過言ではないのは、これが理由なのだ。

酢と魚は切っても切れない

さらに酢の使い方を見ていくと、例えば、鰯の甘露煮、昆布巻き、佃煮、手羽先などを炊く際に酢を少し使う。食材を柔らかくするために加えるのだ。とくに骨があって長時間炊くものは、昔から酢をちょっと入れる。

蓮根、うど、茄子などの野菜料理の下ごしらえにも酢を使う。酢水に漬ける、湯に酢を入れてゆでることで野菜の色が変わらないようにする。味には直接繋がらないが、われわれ料理人の中では基本の基。「酢を入れたか?」という言葉は、調理場の仕込みの段階ではよく使われる。

あとは寿司酢だ。寿司と酢は切っても切れないもの。近年、東京では赤酢（酒粕酢）がよく使われるようになった。江戸由来の伝統の味が再評価されるのは嬉しいことだ。

魚と酢の関係も深い。塩をして酢で締める。これは、かつては保存が目的だったが、今はそれを旨みにして料理として生かす。締め鯖や小肌の酢締めなどは、酢で締めてから3日、4日とおいて酢を馴染ませてから使う。酢締めという調理法は、お寿司屋さんのようにシャリと食べるものとして、日本人が作り出した大発明だと思っている。

酢を使い分けたい

酢は、各種を使い分けることで、日本料理の美味しさの幅も深さも出すことがでる。

私が店で主に使っているのは、「白菊®」、純米《じゅんこめ》酢、リンゴ酢、黒酢だ。「白菊®」と純米酢は同じ米酢だが、性質が違う。「白菊®」は綺麗で、シャープ。日本の酢の味のど真ん中を突いてる。純米酢と出会ったのは徳島での修業時代。純米酢のもつ米の旨み、コクが、料理に深みをもたらす。米酢のすごさを知るいい機会だった。

リンゴ酢は貝類によく合う。あとは黒酢。日本料理も新しいものをつくろうと思うと、違うジャンルの料理を参考にすることはある。その意味では、黒酢の使い道もあるのだ。

ほかに赤酢もある。寿司店では、「三ツ判®山吹®」「優選®」などの赤酢を使い分けている。ネタの質によって赤酢の選び方も違ってくるからだ。「三ツ判®山吹®」は色が濃いため、最初はしっかりとした強い酢に見えるが、実はマイルドで、素朴で自然な味わいをもつ。

いずれにせよ酢加減は難しい。その塩梅が料理のセンスになる。酸っぱすぎても駄目だが、足りなくても駄目。料理が上手な人は酢の加減が上手だ。酢加減は簡単ではないが、日本料理に酢がなければ美味しいものはできない。ここは真正面から向き合うしかないと思っている。

（談・まとめ編集部）

編集協力（株）Mizkan

料理人の覚悟を支える
ハレの日の和包丁

澤田裕介
Yusuke Sawada

子の日

文／上島寿子　撮影／大山裕平

日本の食文化を支える立役者であり、
切れ味と品質で世界からも注目される和包丁。
なかでも最高峰と称賛されるのが
「子の日」がつくり出す一本だ。
職人の技術を結集させつつも
次世代に向けたチャレンジを続ける
二代目が包丁に注ぐ思いとは？

包丁は器や空間と同じくお店の一部。切れ味と美しさを極めてプロの期待に応えるのが使命です。

数百年続く老舗がひしめく包丁業界にあって、後発ながらも名だたる料理人たちを感嘆させ、魅了しているメーカーがある。1975年創業の「子の日」だ。築地場外市場にある店舗には凛として艶やかな和包丁やスタイリッシュな洋包丁が並び、オリジナルでつくり上げるカスタム包丁は今や2〜3年待ちの状況だ。顧客の9割以上が料理のプロ。昨今はアメリカをはじめ海外からの引き合いも増えている。

「銀座 小十」の奥田透さんはこの包丁の20年来の愛用者。柳刃包丁は11本のうちおよそ半数が子の日製だという。

「魅力は第一に切れ味です。素材にキュッと吸い付き、すーっと刃が入って自然に剥がれていく。使っていて気持ちがよく、料理をもう一段引き上げてくれるんですね。佇まいの美しさにも惚れ惚れします。鏡面仕立てのピカッとした輝きは、特別な場面で使いたいハレの1本。例えるなら『包丁のエルメス』ですね」

奥田さんが使うのは、鋼（はがね）の本焼包丁という同社が創業以来手掛ける伝統的な和包丁だが、ステンレス鋼の和包丁も評判はすこぶる高い。そもそもステンレス鋼は錆びにくい利点がある半面、切れ味は鋼に敵わないと言われてきた。しかし、子の日製は鋼に引けを取らない切れ味を備える。和包丁の販売数のうち7割がステンレス鋼というのは実力の証だろう。

最高峰といえる製品づくりを牽引しているのは、二代目社長の澤田裕介さんだ。社長といっても立ち位置はいわゆるプレーイングマネジャー。会社経営を担いながらも、自ら図面を描き、鋼材を研究し、研ぎの技術に関しては社内随一。要するに職人肌の経営者なのである。

「とにかく包丁づくりが好きなんです。やりたいことやっていいよといわれたら、ずっと包丁をいじっていたいぐらい。好きになったのはやはり環境が大きいでしょうね。子供の頃は家に作業場があって、小学生のときから包丁を研いでいましたから。『センスあるよ』なんて褒められると嬉しくなって、いつの間にか包丁の種類を覚えたり、自分でデザインまでしてみたり。大学生になると刃物の本場である大阪・堺の伝統工芸士さんのもとに通って包丁づくりを勉強させてもらい、将来はこの仕事に就けたらいいなと思うようになりました」

澤田裕介さんは経営者ながら、職人として社内トップの腕を持つ研ぎ師。「澤田社長が研ぐと1カ月は余裕で持ちます」と奥田さん。高校と大学では体操部に所属し、その後輩や教え子も職人や営業担当として社内で活躍している。

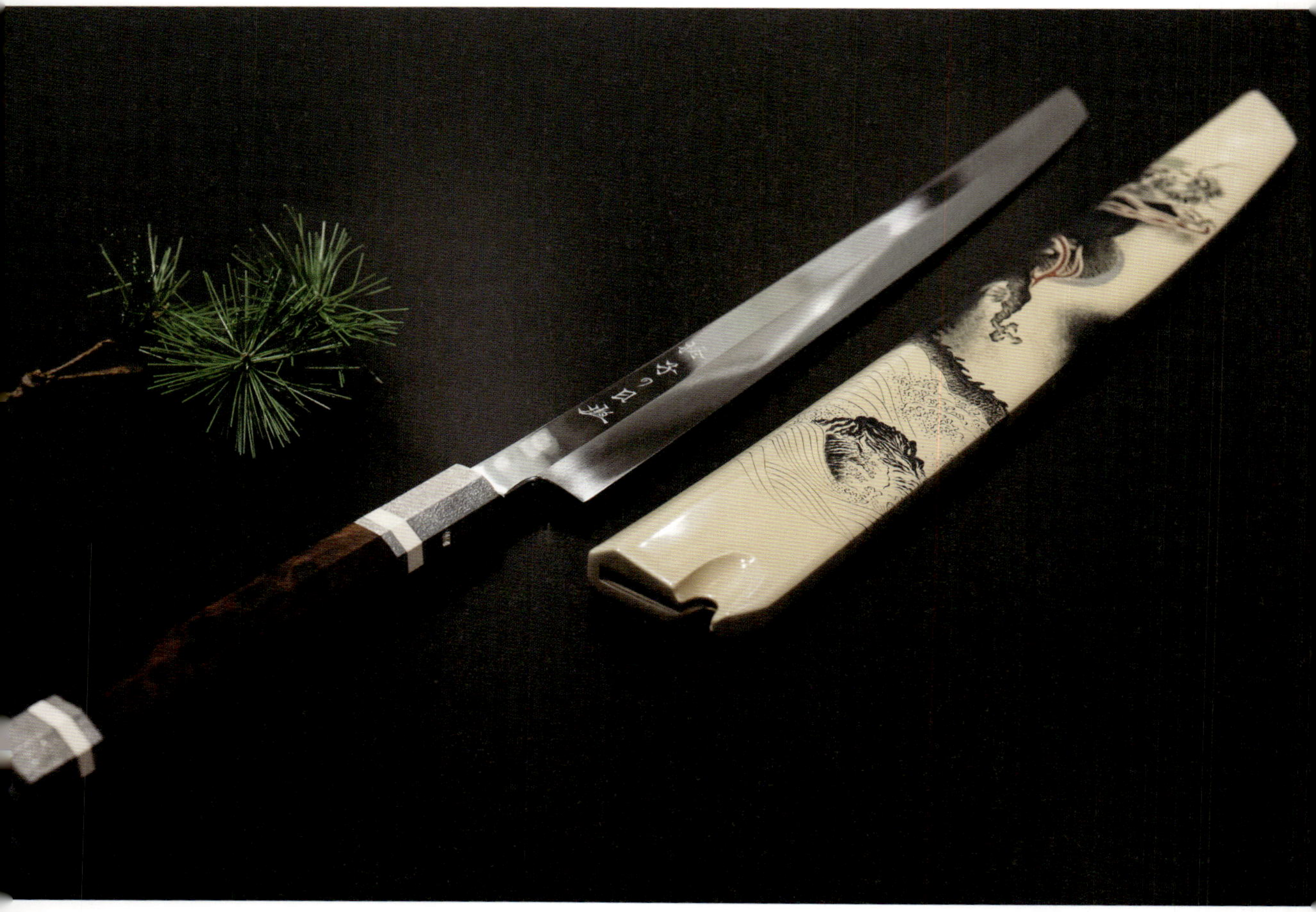

カスタムモデルの先丸蛸引。非鉄素材（鉄を使わないため絶対に錆びない）というハイテク素材を用い、澤田さん自らが鍛えて、研いで仕上げた最高傑作だ。ハンドルは包丁本体に合わせて自社製造。龍を描いた輪島塗りの鞘が花を添える。

大学卒業後は一切迷うことなく、父が社長を務める「子の日」に入社。その就職が会社にとっても大きな転機になった。

「それまでは包丁を売るのが主な業務だったのですが、僕がやりたかったのは包丁をつくる仕事。そこで製造部門を立ち上げ、徐々に販売業からメーカーへと舵を切りました。せっかくやるなら、誰もが認める一番いいものをつくりたい。他社と比べて何が足りないのか、どうしたら最高の包丁をつくれるのかと試行錯誤を始めたんです」

澤田さんによれば、包丁の良し悪しの決めるのはまず素材。鋼には父の代から懇意にする堺の伝統工芸士の研ぎ師、鍛冶師が打った生地を主力として使えるのが大きな強みだ。また、他社の包丁の修理を受け付けることで、どのメーカーのものがどのような性能をしているのかなど、刃物に対する知見を深めることもできた。

加えて自社でもステンレス鋼の鍛造や焼入に着手。素材が秘める性能を引き出し、切れ味、しなやかさ、均一性などを兼備した生地を生み出せるようになった。このようなステンレス鋼の開発には30年以上の歳月が費やされている。国内外からさま

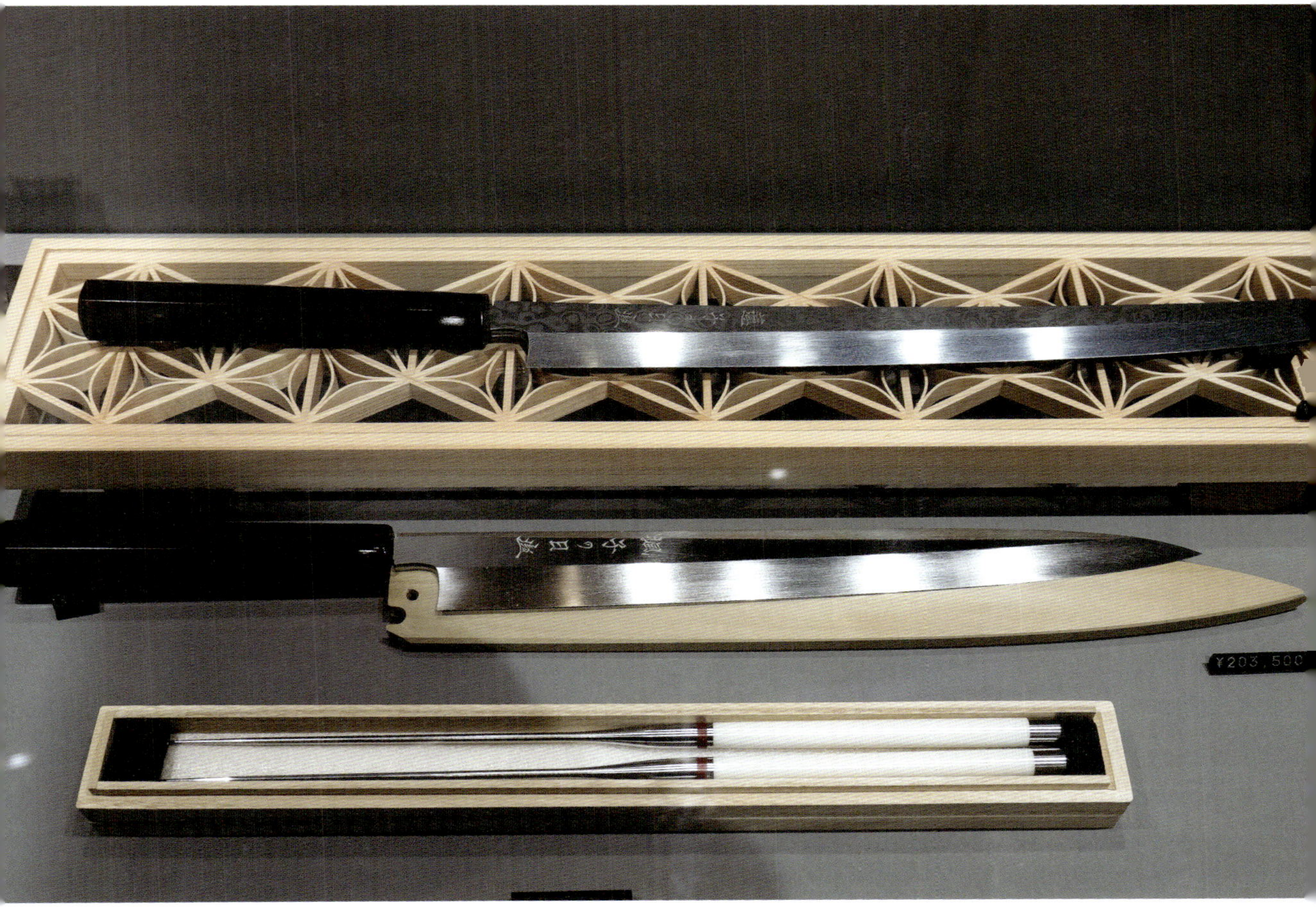

ステンレス鋼の和包丁は「子の日」の真骨頂。奥はダマスカス模様が美しいモデル〝蓮〟の先丸蛸引、中央は切れ味特化モデルの〝榊〟の柳。どちらもステンレス鋼を鍛造してつくられたカスタムモデル。手前の盛箸も特注品で、持ち手のデザインや長さを好みに応じて選べる。

ざまな鋼材を取り寄せ、鍛造の仕方、温度の上げ方・下げ方、焼き入れの方法などを研究する日々。結果、鋼に負けない切れ味の和包丁をつくり出せたのである。

生地づくりに、科学的なデータ分析を導入している点も画期的だ。鍛造炉は通常、職人の勘で温度を見極めるが、「子の日」では炉内の温度データを常に取る。本焼包丁は1本1本、硬度を測定し、基準値に合わないものは製品化しないそうだ。

「日本の和包丁は職人の経験と勘で成り立ってきた世界。それは非常に大切なのですが、人の手ですることにはブレも生じやすい。データからチェックすることは欠かせないと考えました。精密な検査を行うと、0・1だけ基準に合致しないというものも出てくるんですね。誤差の範囲として売る選択もできますが、それをしないのがうちの矜持。納めた包丁を使ったときに『さすが子の日、買ってよかった』と思っていただきたいですから」

研ぎもまた、包丁の質を左右する重要な工程だ。澤田さんが目指したのは凸凹の一切ない包丁。精緻な研ぎをすれば、生地のポテンシャルを最大限に引き出し、さらに高めることができる。

「そもそも包丁って研ぎの名工がつくっても多少のデコボコはあるものなんですね。手仕上げだから仕方ない、と諦めたくはなかった。むしろ手仕上げだからこそ、機械では削れない繊細な素材を、機械でもできないほどの精度で削るのが職人の価値だと思っています。そのために、研ぎの技術を磨くのはもちろん、各部位を削るためだけの専用機械を独自設計しました。技術と環境、どちらも必要なのです」

とりわけ澤田さんがこだわるのは、しのぎのラインの美しさだ。真一文字に立ち上がり、一縷のブレもない。

「しのぎのラインに歪みがあると、使う方が自分で研いだときにぐにゃっとなってしまうんです。これまで何万本と包丁を研いできた僕だからこそ、そういう部分もきっちりと正確につくりたい。ですから、工程ごとに研ぎ機を変えながら、薄皮を一枚一枚剥ぐように研いでいくのがうちのやり方。ハンドルの取り付けも手作業なので、数多くつくることはできません」

洗練されたデザインは、いわば機能美の結集。内から滲みでる美しさだからこそ、一流の料理人をも魅了するのだろう。

ちなみに、見事な鏡面仕上げは性能には影響しないものの、澤田さんの包丁に対する考えを色濃く反映している。

「包丁は料理店にとってお店の一部。器や空間と同じぐらいに重要で、使う包丁によってお客様のお店に対する印象も変わるでしょう。だから、とことん美しくあるべきだと考えています。特にうちの製品は独立して開店するときに買われる方が多く、『料理人として続けていく覚悟ができたから買うことにしました』ともよく言われます。使い心地から見た目まですべてを極め、料理人さんの覚悟に応えるものでなければならないと肝に銘じています」

入社から30年、会社のトップに立ってからもすでに20年以上経つ現在、澤田さんが力を注ぐのは次世代を担う職人の育成だ。工場で働く職人は目下、15名。平均年齢は27歳と予想以上に若い。

「うちでは採用するのは新卒のみ。経験は時として邪魔になるからです。採用のときに見るのは手先の器用さ。器用な人ほど飲み込みがよく、伸びるのも早いんです。教え方も昔ながらの『見て覚えろ』ではなく、一から全部教えています。どんどん上に引っ張り上げれば、さらにその先へと進んでいける。先の年数を考えれば、僕よりも上につけるはずですから。実際、ハンドル付けは僕以上に上手い職人が育っていますし、カスタム包丁も全工程を僕がやらなくても済むほどになっています」

職人を育てる上で教えているのは「一工一進」の精神だ。澤田さんが考えた言葉で、会社のスローガンにもなっている。

「一つの工程で一歩でも何かしら進化させるつもりで毎日の作業にあたること。毎日数百、数千と繰り返される工程を少しでもよいものにする意識持ち、数年、数十年積み重ねることで、常人では到達できない領域にたどり着けると感じています。だから、日々貪欲であってほしいんです。わからないことは僕や先輩に聞けばいいし、ネットで調べてもいい。どこまでも進める環境が整っているのだから、上を目指さなければもったいないじゃないですか」

今ある和包丁が生まれて６００年余。次世代を担う職人を業界全体でも増やしていけたら、包丁とともに和食の世界も新たなステージを切り拓けそうだ。

洋包丁は「NENOX」としてリリース。切れ味に特化したステンレス鋼が使われ、ハンドルも材質、形状、デザインまで自社で考案。デリケートな鋼材のためハンドルは溶接はせず、隙間ができないようパーツを組み合わせながら手作業で取り付けている。

さわだ・ゆうすけ

1971年生まれ。岐阜で生まれ、1歳のときに家族で上京。1975年に父が「子の日」の前身となる包丁販売業を始め、包丁と砥石に囲まれて育つ。学生時代から本格的に包丁研ぎを学び始め、大学卒業後に入社、製造部門を設立する。父が早逝し、31歳で代表取締役に就任。会社経営を担う一方、研師としても腕を極める。2020年に築地店が移転リニューアル。その2年後には神奈川県の湘南に新社屋・新工場を建設して移転。2024年には湘南第二工場も稼働開始。

子の日 築地店

東京都中央区築地4-10-11
TEL 03-6264-1168
営8：15〜15：30
休無休（年末年始を除く）
和包丁148,500〜、洋包丁48,400〜。一部、家庭向けの包丁も販売。

「油脂」太白胡麻油は日本料理の切り札

新しい油遣いの妙技を、銀座小十の秋の料理に見る。

私は50歳になったときに、料理にフライパンを使うことを解禁した。これまでは禁じ手にしていたが、フライパンと油脂を使うことで、現代の味覚に合う料理が無限大に広がる。しかし、ここに甘えると日本料理から逸脱してしまう料理にもなる。

日本料理は、水の料理と言われてきた。一部に天ぷらなどはあるものの、油の選び方、使い方がまだ成熟していない。身近なサラダ油を使う店も多く、それでは上質感は出せない。オリーブオイル、バター、生クリームでは日本料理にはならない。

日本料理としての味わいの美しさ、奥深さを引き出すことができる油はないものかと探して出会ったのが太白胡麻油だった。焙煎していない胡麻を搾ってつくられる、淡麗旨口が特徴の太白胡麻油は、日本料理に上質な味わいをもたらす。

淡麗で旨口の稀有な油脂

太白胡麻油の使い方を紹介する。例えば、10月のお料理でお出しした「秋刀魚と松茸の秋巻　おから添え」だ。あえて秋刀魚を松茸と合わせ、味付けに赤味噌を使い、秋刀魚の新たな魅力を引き出すことを狙った。春巻の皮で巻き、太白胡麻油で揚げる。これが従来の日本料理にはなかった食感の楽しさをつくり出す。揚げ油選びが肝心で、サラダ油では平凡な料理になってしまう。

そして、秋刀魚同様に身近な素材である「おから」を添える。このような脇役の質が、一つの料理の完成度を高める上で重要と思っている。おからを美味しくするためには油が必須だ。おからを太白胡麻油でよく炒めることで、大豆の風味をよりよくする。さらに、たっぷりの追い胡麻油をしてから出汁などで

秋巻は太白胡麻油で揚げることで上質感のある揚げ物になる。太白胡麻油は酸化しにくく、油切れが良いので日本料理に使いやすい。

太白胡麻油でおからを炒め、さらにおからに注いで含ませる。淡麗旨口な太白胡麻油だからこそ、料理に油を感じさせずに、豊かな旨みをつくり出すことができる。

秋刀魚と松茸の秋巻　おから添え

秋の春巻料理。秋刀魚を松茸と合わせて赤味噌で味付けし、香ばしく味わい深く揚げる。おからは、たっぷりの油を湛えることで豊かに仕上げる。

炊き上げる。上質な油を使うからこそ、料理に油を感じさせることなく、満足感の高い日本料理になるのだ。

おだやかで上品な胡麻油

11月のお料理に「大根の太香焼」がある。厚切りの大根を下ゆでし、出汁などで炊いたものを太香胡麻油でこんがりと焼いてお出しした。太香胡麻油とは、浅煎りした胡麻からつくられる、おだやかな胡麻の香りが特徴の上品な胡麻油だ。出汁を含ませた大根に、胡麻油の旨みと香ばしさを加えることで、現代の味覚に合った特別感のある日本料理になる。

添える蒸しあわびと青菜にも太香胡麻油を使っている。蒸しあわびは太香胡麻油で焼いて香ばしさを加える。青菜は小松菜を使い、塩ゆでするのではなく、太香胡麻油で炒めてから出汁などを加えて炊き上げる。炒めることで、青菜の嫌なところが美味しさに変わり、さらに冴えた食感になる。太香胡麻油を使うことで味に深みが出、日本料理の新しい煮びたしとして魅力のあるものになる。

日本料理は五味を大切にしてきた。その次の味覚である六味は「脂味」や「淡味」と言われている。これらの味覚を料理に上手に取り入れることが現代の日本料理の課題だ。淡麗旨口である太白胡麻油と、加熱すると胡麻の香りを感じさせることなく料理の風味に深みを出せる太香胡麻油は、まさに脂味であり、淡味である。日本料理としての味わいを豊かに広げていく上で切り札とも言える有効な素材だ。（談・まとめ編集部）

大根の太香焼

香ばしく焼いた大根から、たっぷりのお出汁が口に広がるお料理。大根に添えてあるのは、蒸しあわびを太香胡麻油で焼いたものと、小松菜を炒めてつくる食感が楽しい煮びたしだ。

出汁で炊いた大根を太香胡麻油で焼く。浅煎りの胡麻を搾った上品な風味の油で焼くことで、大根に官能に訴えるような香ばしさと旨みを加える。

小松菜を太香胡麻油で炒め、出汁などを加えて炊くと、旨みと食感が新しい煮びたしになる。

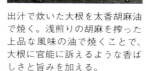

「新時代の日本酒」

日本酒の50年と近未来

長谷川浩一
「はせがわ酒店」社長

あおい有紀
フリーアナウンサー・和酒コーディネーター

司会・構成　山同敦子（酒ジャーナリスト）／撮影・大山裕平

劇的に美味しく進化し、多様になった新時代の日本酒の魅力と未来像とは?

日本酒は、古《いにしえ》より日本人の暮らしに寄り添って来た伝統的な醸造酒である。近年驚くべき進化を遂げ、上質で斬新な日本酒を、管理の良い状態で味わえる時代が到来した。

新時代に突入した日本酒は、それまでに縁のなかった若い女性や外国人の心も捉え、味わいに魅せられた外国人が自国で「SAKE醸造所」を設立する例も急増している。

そこで今回は「日本酒 温故知新」をテーマに、その過去を紐解きながら、進化の歴史、現代の実像、未来像を展望する誌上対談を企画した。

50年に渡って日本酒を熱心に販売し、多くの蔵元に寄り添って箴言を伝え続けてきた「はせがわ酒店」社長・長谷川浩一さんと、日本酒イベントの企画や日本酒講師などでご活躍のフリーランスアナウンサー・あおい有紀さんのお二人に、日本酒に対する熱い思いを語っていただいた。

もっと上質に！　もっとカッコよく！
日本酒の進化を支えてきた名酒販店主

長谷川浩一（はせがわ・こういち）

（株）はせがわ酒店代表取締役社長。1956年（昭和31年）東京都江東区生まれ。父から二代目店主として店を継いで50年。全国各地の酒蔵を訪ね歩き、自分が納得する旨い日本酒を見出し、その魅力を広めてきた。歯に衣着せぬ物言いで苦言を呈しながら、惜しみなく愛情を注ぎ、面倒をよく見る親分気質で、蔵元から絶大な信頼を得ている。亀戸本店のほか、グランスタ東京、麻布十番、東京スカイツリー、パレスホテル、日本橋など、東京都心部に複数店舗を展開。良質な日本酒が揃う専門店として抜群の知名度を誇る。東京駅構内グランスタ店にはガラス張りの東京駅酒造場を併設し、日本酒とどぶろくのPRに尽力している。

下町の小さく悲惨な店からの出発

――書名の『温故知新』に沿って、まずは「はせがわ酒店」の長谷川さんに、〝古きこと〟からお尋ねしたく思います。いつから経営に携わるようになったのですか？

長谷川　１９７４年（昭和49年）に二代目として家業を継ぎましたので、今年（２０２４年）で50年です。

あおい　私が生まれた年から業界を見続けていらしたのですね！

長谷川　店を継ぐ予定だった兄が交通事故で急逝し、沼津の靴店で働いていた次男の僕が父に呼び戻されました。18歳でした。

――継いだころは、どんなお店でしたか。

長谷川　江東区北砂という下町にある小さくて、悲惨な店でしたよ（笑）。扱っているのは日本酒とビール、醤油と味噌ぐらいの昔ながらの酒屋です。日本酒は灘と伏見で造られたナショナルブランドが４、５銘柄程度でした。

――その頃の酒販店は、ビールの売り上げが大半を占める例が多かったと聞きます。

長谷川　うちは下町のせいか、サケといえば日本酒。売上げも日本酒が多かったですね。お客さんは大工や鳶など職人が多く、特級や一級酒を飲むのは正月ぐらいで、普段は安い二級酒（※1）を一升瓶10本入りの木箱ごと買ってくれていたんです。

あおい　一度に1升瓶を10本ですか。

長谷川　住み込みで働いている若い衆が、仕事のあとで親方を囲んで飲むんです。ただ単価が低くて儲けにならないので、僕が継いでから扱う酒をガラッと変えました。若造にありがちな西洋かぶれだったので、スコッチウイスキーやバーボン、ボルドーやブルゴーニュのワインをバーっと並べたりして。下町としては、そこそこ良い品揃えだったと思いますよ。やみくもに並べたわけではなく、洋酒は銀座のバーに通って味を覚え、ワインは銀座にあったサントリーソムリエスクールに通って勉強しました。授業のあと銀座三越の酒売り場を覗いたら、ロマネ・コンティとペトリウスが並んでいてどちらも1万円だったのを覚えています。

あおい　グラス一杯の値段ですか？

長谷川　いえいえ、ボトル1本の値段ですよ。

あおい　ええ～っ！　信じられません。

長谷川　靴店の月給が5万円でしたから、ひと月の給料でロマネ・コンティが5本買えた計算です。いまは1本100万円以下では手に入りませんし、500万円を超える場合もある。

あおい　1本の値段が年収レベルですね。

長谷川　ワインやシャンパーニュの値上がりは、近年ものすごいことになっています。

——その頃のワインの売れ行きはいかがでしたか？

長谷川　まったく売れませんでした。二級酒しか飲んでいない人たちにワインと言ってもわからない。葡萄酒ですよと説明するのですが、赤ワインは「シブイ！」、白ワインは「酸っぱくて飲めない！」と怒られた（笑）。

——1970年代当時、ワインに親しんでいるのは、海外在住経験者など一握りでしたから、無理もない反応でしょう。

長谷川　それでも日本の甘味果実酒「赤玉スイートワイン」（旧来の名称は赤玉ポートワイン）やウイスキーが、少しは売れるようになって、なんとか商売になっていたのですが、しばらくすると近くに大型の酒ディスカウント店ができた。うちの仕入れ価格に少し乗せたぐらいの安い値付けをしたチラシが入って来るようになって、地元のお客さんはそっちに流れてしまったんです。洋酒を買ってくれるようになった銀座のバーの店主も、安売り店と取引するようになってね。人情は通用しない、冷たいもんですよ。

——コンビニエンスストアも登場しましたね。長谷川さんが店を継いだ1974年にセブン-イレブン1号店が江東区豊洲にオープン。翌75年にローソンが大阪に。コンビニの本部は、小売り酒販免許を持つ酒販店に加盟の勧誘を仕掛けるようになりました。

長谷川　うちの店があった稲荷通り商店街には酒屋が4軒、1本裏の通りにも3軒あったのですが、コンビニに加盟したり廃業したりで、あっという間に酒屋はなくなりました。東京有数の商店街として知られる砂町銀座にあった4軒の酒屋も全部コンビニになってしまった。全滅です。うちはなんとか踏ん張りましたが、どん底でした。

欲しい酒は自分で開拓するしかない

長谷川　そんなとき、地方には地元だけで売られている旨い二級酒があるという噂を聞いた。いわゆる地酒です。価格競争とは異なる市場に希望を抱いて、酒類問屋に頼んで地方の酒を何本か仕入れてみたものの、全然売れない。

あおい　値段の問題ですか？

※1　二級酒
かつて日本酒は、アルコール度数と酒類審議会による審査で特級、一級と分類され、酒税も決められていた。二級は審査の対象外で酒税が安く、酒も安価だった。審査への出品は任意で、地方の小規模な蔵は高い税率を避けたため、市販の酒はたいてい二級だった。吟醸造りの酒もあえて審査を受けず、二級酒として販売することが多かった。1990年に純米酒、吟醸酒など「特定名称」という分類が導入され、1992年に級別は完全に廃止された。

文化、風土、料理とのペアリング……。
日本酒の魅力を言葉で伝えるスペシャリスト

あおい有紀（あおい・ゆき）

和酒コーディネーター、旅するフリーアナウンサー。1974年（昭和49年）兵庫県神戸市生まれ。航空会社勤務を経てフリーアナウンサーに転身。食、酒、旅をライフワークに、これまで全国350以上の酒蔵やワイナリーを取材し発信。日本橋三越カルチャーサロン日本酒講座講師を長年務める。食、和酒全般の専門家としてご当地グルメ開発、ペアリング監修、イベント・酒蔵ツアー主催・ガイド、地域ブランディング、人材育成など幅広く活動し、国税庁、観光庁、JETROはじめ各自治体のプロジェクトにも多数関わる。海外、インバウンド向けの日本酒講座や高付加価値ツアー醸成にも携わる。日本酒造青年協議会認定の酒サムライ叙任。

長谷川　どれも二級酒だし、値段は高くない。しかし、地酒のことをお客さんが知らなかった。山の手で売れていると問屋が勧める地酒を仕入れても反応が鈍い。下町は情報が入るのが10年遅れていると問屋に言われましたよ。場所が悪いから売れないのかと悩んでいたとき、銀座の飲食店で「雪中梅《せっちゅうばい》」の吟醸酒を飲んで、世の中にはこんなに旨い日本酒があるのか！　と驚いた。うちにある酒とは全然違っていたんです。

――長谷川さんご自身が、日本酒の旨さに目覚めたのですね。

長谷川　そう、洋酒ばかり飲んでいたからね。ただ「雪中梅」は問屋では扱っていないので、酒蔵に連絡してみると新規の取引は受けていないと言う。人気が高い酒は、後追いでは取引は難しいことを思い知らされました。欲しい酒は自分で開拓するしかない。酒蔵巡りをして見つけようと決心しました。

あおい　酒蔵巡りはおひとりで？

長谷川　地酒が揃う飲食店の店主と二人連れが多かったけれど、飲食店の常連客とグループで行くこともありました。僕は一番年下だったので、運転手と使い走りが役目。週末ごとに酒蔵を巡って、数年で北海道と沖縄以外は全県を回りました。

――訪問する酒蔵はどのように選んだのでしょ

う。

長谷川　醸造試験場で酒蔵のリストをもらってきて、今回は四国に行くと決めたら、アポも取らず、行き当たりばったり飛び込んで、名刺を出して、蔵を見せてください、酒を飲ませてくださいとお願いする。非常識な話ですよね。でも酒蔵の方はいい人ばかりで、突然舞い込んできた見ず知らずの胡散臭い男たちを歓迎してくれました。ただ、煙突を頼りに飛び込んだので、醤油蔵や味噌蔵だったことは、しょっちゅうでしたけどね（笑）。

あおい　初めに印象に残ったお蔵はどこですか。

長谷川　忘れもしない１９８３年（昭和58年）、高知の「酔鯨《すいげい》」です。酒をずらっと出して試飲させてくれたのですが、ダメダメな酒ばかり。ところが新酒鑑評会に出品する大吟醸が衝撃的に旨かった。熊本の「香露《こうろ》」みたいだと思いました。

――「香露」は吟醸酒のお手本として評価されていました。

長谷川　データを尋ねると、米は山田錦、精米歩合は30％だと言うので、腰を抜かしそうになりました。そのころ出回っていた吟醸酒は50％精米が普通。出品酒用に最高に磨いても35％。〝ＹＫ35〟（※2）が高品質の酒の常識でしたから、びっくり仰天です。売って欲しいとお願いしたら「大吟醸は売りもんじゃない」と言う。じゃあ来年はうちの店のためにタンク1本造ってください！と啖呵を切って帰ったら、翌年連絡が来て、本当にタンク1本分の大吟醸を売ってくれると言う。嬉しかったけれど、二級酒が一升1300円程度の時代に、1本6000円の一升瓶600本を売り切るのは正直言うとキツかった。一緒に蔵巡りをした仲間に助けられながら、全部売り切りましたよ。

――「酔鯨」は、銘酒酒販店「はせがわ酒店」として原点のお酒ということですね。

あおい　私にとっても「酔鯨」は、日本酒を意識するようになったきっかけのお酒です。日本酒を飲み比べするなかで、「酔鯨」はさらっと飲みやすくて、名前も興味深かったので、印象に残りました。１９９４年（平成6年）ごろのことです。

――あおいさんが飲んだ頃の「酔鯨」は、市販酒もダメダメではなかったのでしょうか。

長谷川　旨かったはずです。84年に取引が始まってから「酔鯨」は年々市販酒のレベルが上がっていきましたから。僕は蔵元に厳しいことを率直に言います。うちの店との付き合いが、酒質に目を向けるきっかけになったと自負しています。

「酔鯨」純米吟醸 吟麗 くじらラベル／酔鯨酒造720㎖1595円（はせがわ酒店の税込み価格。以下、同様）

決め手は酒が旨い、それだけ

長谷川　酔鯨と出会った１９８３年（昭和58年）には、もうひとつ大きな出会いがありました。静岡県焼津の「磯自慢」です。

――日本を代表する銘酒として、「十四代」や「新《あら》政《まさ》」など現代の人気蔵元が目標とし、憧れる蔵元です。大量のアルコールや糖類、酸味料を添加した粗悪な酒が大量に造られた昭和40年代も品質重視を貫き、地元の愛飲家のために少量生産を続けて来たと聞きますが、昭和50年代は全国ではまだ無名でした。

長谷川　僕も静岡にはお茶とミカンのイメージしかなかったけれど、家族経営の熱心な酒蔵があると情報が舞い込んだんです。先代と先々代蔵元が飲ませてくれた純米吟醸酒が、やたらと辛くて、喉越しが良くてね。日本酒度（※3）＋13だと言う。

※2　ＹＫ35
Ｙ＝山田錦、Ｋ＝熊本酵母、または香露酵母（きょうかい9号酵母）の頭文字で、35＝精米歩合35％のこと。

司会／山同敦子（さんどう・あつこ）

酒ジャーナリスト、ノンフィクション作家。新聞社、出版社を経て独立。土地に根付いた酒をテーマに40年に渡って日本酒、焼酎、ワインなど造り手の取材を続けている。『dancyu』『サライ』などの雑誌で執筆。著書に『愛と情熱の日本酒―魂を揺さぶる造り酒屋たち』（ダイヤモンド社、ちくま文庫）、『こどものためのお酒入門』（イーストプレス）、『めざせ!日本酒の達人』（ちくま新書）、『極上の酒を生む土と人大地を醸す』（講談社）、『日本酒ドラマチック進化と熱狂の時代』（講談社）、『日本酒の人』（フイルムアート社）ほか多数。SSI認定唎酒師、JSA認定ソムリエ。

当時+13なんて酒、ほかにはなかったので、強く印象に残りました。

――1985年にはすべての酒に糖類添加を廃止したとか。

長谷川　何かを足したり、操作したりせず、自然のままがいいという信念があるんです。酒の味を気に入ったし、蔵元の姿勢にも惚れこんで仕入れたものの、すぐには売れませんでした。

――長谷川さんが取引を決意する決め手は？

長谷川　酒がいいこと、それだけです。

――当時、新潟の酒を筆頭に淡麗辛口タイプが流行していました。

長谷川　タイプとか流行は関係ない。僕が旨いと思うかどうかです。蔵元は善人ばかりだから、酒が良くないときは困っちゃう。逃げて帰りたくなります（笑）。そうやって酒蔵巡りを続けて扱い銘柄を増やして行ったものの、ほとんどが無名だし、売れるとは限りません。売れ残った酒がどんどん黄色くなっていってね。

あおい　冷蔵庫に入れてなかったのですか？

長谷川　70年代当時、日本酒を冷蔵庫に入れている酒屋はほとんどありませんでした。入れるにしても大吟醸ぐらいで。お客様に指摘されて、冷蔵保存すれば品質保持ができることを知ったのですが、金がなくて冷蔵庫が買えないので棚に透明なシートを張って裏から冷房を当てたりしました。それでも売れ残った酒は泣く泣く店の横のドブに捨てました。数千本は流した。売り上げが立たず、月末の支払いがキツくて、ビデオデッキを質屋に持って行って、わずかな金でしのいだこともありました。毎日、苦しかったなぁ。何度、首を吊って死のうと思ったかわかりません……。

――経営が上向いたのは、いつごろですか？

長谷川　お金が回るようになったのは1987年（昭和62年）頃からですね。漫画誌に店が載ったことから、他の雑誌にも次々と記事が掲載されて、地元以外のお客さんも来るようになりました。

――店ではどんなお酒が売れていましたか？

長谷川　宮城の「浦霞《うらかすみ》禅《ぜん》」はよく売れました。

――千円台で買える軽やかな吟醸酒として一世を風靡しました。

長谷川　市場では品薄のところ、日本名門酒会を立ち上げた酒類問屋の岡永さんがたくさん回してくれたおかげです。でも心の中では、僕が見つけてきた酒のほうが絶対旨いのにと、自信を持っていた。そのうち「磯自慢」も売れ始めました。

――「磯自慢」は、昭和60酒造年度（発表は昭和61年春）に、全国新酒鑑評会で金賞を受賞し、酒販店や飲食店、酒マニアなどに知られるようになりました。このとき静岡県は17蔵が一挙に入賞し、そのうち10蔵が金賞という快挙で、静岡県は一躍、銘醸地としての地位を獲得しています。

長谷川　静岡酵母を開発した静岡県沼津工業技術支援センター（当時）の河村伝兵衛先生の功績が大きいですね。

――その後、「磯自慢」が広く名前を知られるようになったのは2008年（平成20年）の洞爺湖サ

右：「磯自慢」大吟醸純米　エメラルド　磯自慢酒造720mℓ4950円
左：「十四代」本丸　高木酒造1800mℓ3740円

ミットで、晩餐会の乾杯酒に選ばれたことではないでしょうか。確か長谷川さんが選定をされた。

長谷川　そうです。ワインではなく、日本酒で賓客をもてなしたいという政府の意向に協力したのですが、「磯自慢」なら絶対に間違いがないと提案させてもらいました。

――「十四代」も、はせがわ酒店の主要扱い銘柄のひとつだと思いますが、取引が始まったのは銘柄が誕生した1994年（平成6年）ではなく、2年目の95年からと聞いています。

長谷川　20代の若い後継ぎが自ら造った「中取り純米」が話題になっていることは知っていたけれど、後追いは嫌だから無視してた（笑）。2年目に出してきた特別本醸造「本丸」を居酒屋で飲んで心底感動してね。経験が浅いのに、こんな旨い酒を造れるなんて天才だと思って、蔵に行くとたくさん在庫がある。この酒、全部売らせてください！　と先代（当時の蔵元）にお願いして、その年に売りまくりましたよ。

――長谷川さんは生酒の扱いも早かったですね。

長谷川　早期から積極的に扱っていました。たとえば愛知の「義侠《ぎきょう》」。初めは火入れの酒を飲んで、淡麗辛口とは真逆の旨さに感動して取引を始めたところ、香りのない、わかりにくい酒に変えてきた。これじゃ売れないと泣きそうになりましたが、蔵元は「わかる人にわかればいい」なんて言う。困り果てて、生酒の状態で出してほしいと談判したら、それがすごく良くてほっとしました。お客様にも大評判で、たくさん売れました。

あおい　その頃は、冷蔵庫を完備されていらっしゃったのですね。

長谷川　はい。だから変化の速い生酒も安心して扱っていたのですが、山形県工業技術センター（当時）の小関敏彦先生に、生酒は置いておくと生老《なまひね》香が付くと教わってから、冬限定に変えていきました。もっとも今では空調を完備した蔵で、四季を通じて生酒を造り、搾りたてのフレッシュな状態で通年出荷する蔵元もある。それは蔵の姿勢なので、季節を問わず扱っています。

※3　日本酒度
日本酒の甘さ、辛さを指す指標。糖度の高い（甘い）ものほど－（マイナス）の値に傾き、糖度が低い（辛い）ほど＋（プラス）の数値になる。

米のお酒だ！と主張していた純米酒

——あおいさんの日本酒歴もお聞きしたいと思います。1994年頃に飲んだ「酔鯨」で日本酒に注目したというお話でした。

あおい 大学生になってアルコール類全般に興味を抱くようになり、ビール、テキーラ、ウイスキーなど、いろいろ飲んでみました。それぞれにどんな味わいなのか知りたかったんです。日本酒で初めて銘柄を覚えたのは「鬼ころし」。家の近くのコンビニで、家飲み用に買ったお酒です。「酔鯨」は、同級生と銘酒居酒屋で全国の日本酒を飲み比べしていたときに、飲みやすさで印象に残ったお酒です。日本酒ファンになったのは青森の「田酒《でんしゅ》」に出会ってから。23歳のときです。青森出身の知人から、入手しにくいお酒だと勧められて飲んで、衝撃を受けました。

——どんな印象でしたか？

あおい 濃縮した旨味がドーンと迫って来るような味わいで、メチャクチャ美味しい！　と思いました。米のお酒だ！　まさに田んぼのお酒だ！と主張しているようで、強く心に残りました。

——純米酒という言葉を「田酒」で知った人は多いと思います。

長谷川 「田酒」は今年で50周年ですね。

あおい 発売開始は10月1日、私が生まれたのは、同じ年の9月27日。そのことを知って、ますます親近感を覚えました。

——50年前の昭和48年酒造年度（1973年7月～74年6月）は、日本酒の出荷数量が史上最高だった年です。長谷川さんが店を継ぎ、あおいさんと純米酒「田酒」が誕生し、小売店の流通を変えたセブン-イレブンが開業。さらには、日本酒界の革命児とも言われ、現代の日本酒シーンをリードしている「新政」蔵元の佐藤祐輔さんも1974年生まれです。日本酒の世界にとって1974年はターニングポイントだったのかもしれません。

人生が、日本酒を中心にまわるように

——あおいさんは、その後、どんな経緯で日本酒に深く関わるようになったのですか？

あおい 25歳で上京し、アナウンサーの仕事をするようになりました。その頃は芋焼酎「三岳《みたけ》」の風味に魅了されて、本格焼酎にハマっていました。その後、山梨の「七賢《しちけん》」で田植えのイベントに参加したことがきっかけで、再び日本酒にぐっと引き寄せられました。酒蔵や田んぼの景色、蔵元さんとのお話しを通じて、地域に根差した文化としての素晴らしさに気が付いたのです。

それからの1年間は、各県の酒造組合が東京で開催する日本酒の試飲会には全て参加し、蔵元が集まる会があると聞けば欠かさず出席しました。仕事ではなく、義務でもない。お酒を味わい、蔵元とお話をして、その土地柄や雰囲気を掴みたい。ただただ知りたい一心でした。時間ができれば酒蔵を訪れ、田んぼを見学して、地元の料理とお酒を共に堪能してきました。気が付けば、訪れた国内の造り手は日本酒、焼酎、泡盛、ワイン、ビー

右から「田酒」特別純米酒　西田酒造店720mℓ1870円／「七賢」スパークリング山ノ霞山梨銘醸720mℓ1980円／「仙禽」オーガニック　ナチュール生酛天然酵母木桶仕込み純米酒せんきん720mℓ2200円

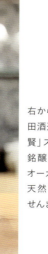

ルを合わせて350カ所以上になりました。

——情熱的ですね！　惚れたら一途に突き進むタイプですか？

あおい　どちらかというと浅く広くのほうです。もともと和文化に強く惹かれていて、茶道、詩吟、和太鼓などの習い事をしてきました。着物や陶芸にも興味があります。旅も好きで、食にも関心がある。そんな私が日本酒を知ったことで、全てがつながりました。日本酒を通して多くの方々とのご縁をいただきました。アナウンサーの仕事は、伝えること。私が見て、聞いて、味わって、五感で感じ、学んできた日本酒の素晴らしさを、その土地の文化や歴史的背景と共に伝えていく。それを私のライフワークにしたいと強く思うようになりました。覚悟を決めた頃から、私の人生が日本酒を中心にまわるようになっていったんです。

——イベントの主催は、いつ始めたのですか？

あおい　初めて企画したのは2009年（平成21年）。栃木の「仙禽《せんきん》」蔵元兄弟をお招きして、50人を集めてビストロで開催した料理とのペアリングを楽しむ会です。

——酸がある酒は駄酒とされるなかで、あえて酸をテーマに設定した酒造りで話題を呼んだ蔵元ですね。その後、地元の契約農家が無農薬無肥料で栽培した酒米と米が育った同じ水系の仕込み水で醸すなど、テロワール（※4）を意識したナチュラルテイストの日本酒で、銘酒の地位を獲得しましたが、09年当時は知る人ぞ知る存在でした。

あおい　初めて出会ったのは彼らが二十歳前後のとき。若い蔵元がチャレンジしている姿を伝えたくて。酸がある日本酒と洋食を合わせる美味しさ、楽しさを体験いただきたい思いもありました。日本酒と料理のペアリング会は、ほかに和食、フレンチ、イタリアン、スペイン、中華など数多く開催してきましたね。蔵元を招いての、着物で日本酒を楽しむ100人女子会も企画しました。

——着物も日本酒と同様、代表的な和文化ですが着用する人は激減しています。機会があれば着てみたい人もいるでしょう。

あおい　機会を提案することは大切だと思います。和文化と日本酒をテーマにした会は、江戸切子、鰹節、日本茶など、作家や生産者に直接打診して企画しました。酒蔵ツアーもこれまで25回ほど、北は岩手県から西は広島県まで開催しました。

長谷川　素晴らしい！　いまどきの日本酒は、女性が支えていると日々実感していますよ。角打ちスペースでも女性が一人でカッコよく飲んでいる姿を目にします。

〝日本酒女子〟が増えている

——ここ10～15年ほどで日本酒を愛好する〝日本酒女子〟が急増したように見受けられます。

あおい　はい。近年の日本酒の会の様子を拝見していると、女性たちは好奇心旺盛で、美味しさ、楽しさをもっと知りたい！　と積極的に質問をくださいます。一人で参加する方も多く、同席した人達と初対面でもすぐに親しくなる。皆さん、全力で楽しんでいるのが伝わってきます。

——女性は自分の好みに正直で、新しい味にも果

※4　テロワール
もとは土地を意味するフランス語で、作物が育つ生産地の地勢や気候、土壌などの特徴を指す言葉。

敢に挑戦する傾向があるように思います。

あおい　ペアリング会や酒蔵ツアーに母娘で、あるいは祖母、母、息子の3世代で参加くださるご家族もいて、微笑ましく、嬉しく拝見しています。そこに旦那様はいないことは、あえて突っ込みませんが（笑）。若い女性だけではなく、40代やそれ以上の年齢の女性日本酒コミュニティも誕生して、田植えや稲刈りに泊りがけで参加されるなど、フットワークが軽く、日本酒を楽しむことに時間とお金を使っておられる方が多いように思います。ワイン好きな女性達も最近では日本酒の美味しさを知り、SAKE DIPLOMAなどの資格を取って、より深く日本酒を探求したい、という方も増えているようにお見受けします。

――かつて日本酒はオジサン専科のように言われていました。なぜ日本酒にハマる女性が増えたのでしょう。

長谷川　蔵元が代替わりして、グンと酒質が上がったし、あか抜けた。センスが良くなったからでしょう。昔と今では日本酒が全く変わりました。進化して別物になったと言ってもいい。どうしようもなくダメな酒は、ほとんどなくなりましたよ。

あおい　身近に美味しい日本酒があるのでハマるまでに時間がかからないのでしょう。味わいやタイプのバラエティが豊かですよね。ひと昔前は、すっきりと淡麗で辛口がいい酒で、甘い酒はダメと言われていた。現代は、甘いもの、酸のあるもの、フルーティなタイプや熟成タイプ、そしてスパークリングなどと多様です。

――地域性や蔵元の個性も加わるのでバラエティは無限大です。

あおい　味わいの幅が広く、多様だということは、好きな日本酒に出会えるチャンスがたくさんあるということ。ただ、日本酒に抵抗をお持ちの方もいて。特に男性経営者の方々は、ワインをお好きな方が多く、日本酒は……？という表情をされる。

――アルコールや糖類などを大量に添加して、ツンとしたアルコール臭がするような日本酒しかイメージにないのかもしれません。

あおい　そんな方に日本酒と料理と合わせる楽しみを提案すると、日本酒っていいね、と言ってくださいます。中華料理と酸の高い日本酒や熟成酒を提案したことで、目覚めた方もいらっしゃいました。しかし、まだまだ男女ともに、好きな日本酒に出会っていない、きっかけがつかめていないという方が圧倒的です。どう開拓していくかが今後の課題であると感じています。ご自分の中にある好き！という気持ちを発見する機会をつくってさし上げるのも、私の役割だと思っています。

褒《ほ》めても酒は良くならない

――代替わりした蔵元の酒が良くなったのはなぜだと思いますか。

長谷川　本人の努力。勉強した結果だと思います。そのために協力はしてきたつもりです。

――長谷川さんは滅多に褒めないそうですね。長谷川さんから電話がくると、びくっとすると蔵元たちから聞きます（笑）。

長谷川　褒めても酒は良くなりませんから。その代り、いいと思う蔵を紹介する。連れても行きます。見せて刺激を与えるんです。

――たとえば、どの酒蔵を？

長谷川　「十四代」「伯楽星《はくらくせい》」「東洋美人」「醸《かも》し人《びと》九《く》平次《へいじ》」あたりです。いま僕が関西でピカイチと評価している奈良の「みむろ杉」は、10年ほど前に行ったときは、酒蔵は清潔第一なのに土足で入っていいと杜氏が言う。どうしようもない酒しか造ってないので、廃業したほうがいい、と言ったんですよ。それでも若い蔵元がガンバルと食い下がってくるので「十四代」などいろいろな蔵に連れていくうちに、短期間でぐっと酒が良くなった。蔵元の今西将之君は、頭がいいしセンス抜群だね。ほかに、長崎の壱岐で麦焼酎「ちんぐ」を造る蔵元の場合は、どうしようもない日本酒を仕入れて地元で売っていた。こんな酒を売ってるんじゃないよ、と叱咤すると、「自分で造りたい」と言うから山口の「東洋美人」を紹介した。そうしたら蔵人として働いて学び、「横山」という上質な酒を造るようになった。師匠の「東洋美人」よりいい酒かもしれない（笑）。

スポーツでも習い事でも、まずは真似から始まる。意識の高い蔵を見れば設備投資の重要性にも気が付く。基本を学んだら、そのあとは意欲とセンス。今の時代は海外に行くのも抵抗ないし、ネットを通じて情報も入って来る。僕の若い頃とは違ってワインや料理など、洋ものに対しても気負っていない。世界中の優れたものと自然体で接するうちに、センスが磨かれるのだと思います。

――長谷川さんの容赦ない愛の鞭に奮起した若い蔵元たちが、成長したことがよくわかります。

あおい　蔵元同士が刺激し合ったことも大きいのではないでしょうか。

――地元の名産品として自治体が日本酒の醸造技術向上に注力した成果もあって、全国のレベルが底上げしていったのでしょう。

日本酒に生かされてきた

――長谷川さんは２００４年（平成16年）の麻布十番店を皮切りに、06年に表参道ヒルズ店、07年東京駅グランスタ店、11年に亀戸に本店を移転、同年二子玉川店、12年に東京スカイツリー店とパレスホテル店、18年には日本橋店を出店しています。都心に次々と開店する狙いをお話しいただけますか？

長谷川　日本酒の魅力を一人でも多くの方に知ってもらうことが目的です。砂町だとお客さんが限られてしまいますから。

――どの店も買いやすい場所にありますね。究極は東京駅構内にあるグランスタ店でしょう。

長谷川　僕は日本酒に生かされてきました。日本酒と蔵元に恩を返したい。その思いは強く、いつか日本酒で食えるようになったときは、都心に店を出そうと心に固く決めていました。都心の目立つ場所に日本酒が並んでいると、蔵元たちも喜んでくれる。彼らが喜ぶ顔を見ていると、幸せな気持ちになります。

――店構えも素敵で、04年に麻布十番店ができたときには、酒屋らしからぬモダンなデザインで注目を浴びました。世界の一流ブランドがテナントに入る表参道ヒルズ店は、テレビの情報番組がよく取り上げていました。

長谷川　酒屋のイメージを変えたい気持ちもあったので内装に凝って、前掛けスタイルもやめました。酒屋といえば銘柄を染めた前掛けが定番スタイルでしょ、嫌いなんですよ、あれ。

あおい　あれはあれで、悪くないような。

長谷川　テレビ番組「カンブリア宮殿」に出演したときに村上龍さんにも同じことを言われました。最近は考えを改めて、リニューアル準備中の亀戸本店では前掛けスタイルにしようかなと思っている。ただし洗練されたデザインでね。

――デザインは大事だと思います。表参道ヒルズ店に、１８０㎖入りオリジナル小瓶にレトロラベルを貼った日本酒が並んでいる光景はスタイリッシュで、日本酒がお洒落だというアピールになったと思います。

長谷川　当時、カップ酒が大流行していたのですが、小容量サイズはいいけどカップが嫌いで、オリジナルを造ったんですよ。結果的にはカップのほうが売れたけどね。スタイルという点では、現代の角打ちを提案したくてカウンターを設けたのは大成功でした。

——都心に出店した地酒専門店は初めてだったので、風当たりが強かったのではないでしょうか。

長谷川　儲け主義だとか、調子に乗っていると言われましたよ。しかし、東京の一等地の家賃は驚くほど高額で、純米吟醸酒1本を売って粗利1000円に満たないような商売としてはキツイ。利益だけを考えるなら都心を外れた場所で、1軒で営業したほうがいい。でも、日本酒や地酒専門店のイメージを上げるには、儲けだけを考えてちゃいけないと思う。パレスホテル店は、客数は少ないけれど、宿泊しているアジアの富裕層や、企業のパーティで飲んだ酒が旨かったと買いにくる経営者やビジネスマンもいる。日本酒のアピールに効果があるので閉めるつもりはありません。表参道ヒルズ店は10年ほどで撤退しましたが、宣伝効果は絶大でした。僕の後に「横浜君嶋屋」「いまでや」など後輩の酒販店が、銀座に出店したのは嬉しいね。みんなで盛り上げていきたい。

——東京駅グランスタ店に醸造所を併設したのには驚きました。

長谷川　世界のどこの駅にも醸造所はないと聞いたからです。唯一無二。後追いじゃない（笑い）。あの立地では未来永劫、採算は取れませんが、一日に5万人もの人が通る場所で、日本酒やどぶろくを造るところを見せられるだけで目的達成です。

世界に日本酒の種を蒔き続ける

——長谷川さんは海外に向けて日本酒をアピールする活動も精力的です。2010年（平成22年）にはFIFAワールドカップ南アフリカ大会の公式日本酒を世界同時発売し、2012年ロンドンオリンピック時には中田英寿さんプロデュースのN Barに協力、2013年にはアメリカの三都市で料理学校のための日本酒セミナーを開催、2014年のFIFAワールドカップブラジル大会ではサンパウロでSAKE BARを開き、2015年ミラノ万博の年に開催されたミラノサローネでは6蔵の日本酒と焼酎の蔵元とフリードリンクのバーを開催しています。

長谷川　海外の人たちに日本酒を知ってもらいたいという気持ちが第一。政府も積極的に推進する姿勢で、各国大使館関係のイベントのお手伝いも続けてきました。ただ、まだ需要拡大にはつながっていません。ここ数年で、ようやく蒔いた種に芽が出始めたぐらいの感覚です。花が咲き、実を収穫できるのは、次の世代でいいと考えています。

——あおいさんは、海外のお客様に向けてもお酒

右から「新政」Colors生成（エクリュ）生酛木桶純米　新政酒造720mℓ1980円／「みむろ杉」木桶菩提酛　自社田山田錦　今西酒造720mℓ5500円／「よこやま」SILVER7純米吟醸　生詰　重家酒造720mℓ1639円／「風の森」秋津穂507純米奈良酒　無濾過無加水生酒　油長酒造720mℓ1798円（※「風の森」は、はせがわ酒店の扱いはありません。正規販売店の税込み価格。）

の会をなさっています。反応はいかがですか。

あおい　直近では、今年の5月に台湾の鰻店で、私が選んだ日本酒とのペアリングの会が開催されました。皆さんとても熱心で、日本酒のことをとても美味しいお酒と認識されているように感じました。ただ日本酒の値段は日本の4倍ほどと高価。所得の高い人が、会席料理や鮨など、高級和食店で楽しむイメージ。家庭に浸透してローカルフードと合わせ気軽に飲むようになるのは、まだまだ時間がかかるように思いました。

――「SAKE　COMPETITION」は、長谷川さんが2012年（平成24年）から開催している大規模なイベントですが、どういった目的で始めたのでしょうか。

長谷川　市販されている日本中の酒から、一番旨い酒を選んで発表して、日本酒に興味を持ってもらうのが目的です。誰だって一番を知りたいでしょう？　かつて技術力のある酒蔵の目安は、国税庁醸造試験場が主催する（現在の主催は独立行政法人酒類総合研究所）全国新酒鑑評会の金賞でした。でも金賞の受賞数が多くなりすぎて参考にならなくなってきた。日本酒全体の品質が上がって受賞数が増えたのはわかりますが、金賞に対する興味は薄れてしまったんです。それならば順位をつけて発表すれば、メディアで紹介されて日本酒の需要拡大になると国税関係者に提案したのですが、難しいという。それなら自分でやるしかないとコンペを主催することを決めました。鑑評会に準ずる競技会じゃないと意味がないので、お国からお墨付きを取り付けました。国税庁と農林水産省、内閣府知的財産戦略推進事務局から後援を受けている民間のコンペは他にないと思いますよ。審査も極めて厳正で、1000点の酒を各県の技術指導者など優秀な審査員によって、銘柄を隠したブラインド試飲することを徹底しています。案内状は、国内で日本酒を製造するすべての造り酒屋に送っています。

――全国に酒蔵は1200ほどありますが……。

長谷川　はい、すべてに案内することが国税庁から後援を受けるための条件ですから。僕は言うことは言うけど、筋は通しています。通信費はかかるし、協力者の要請もあって審査や発表を都内の高級ホテルで行うので会場費も高額です。人件費を除いても毎年1000万円近い大赤字。でも、いまさらやめられません。

あおい　上位に入ったお酒は一気に注目され、市場から消えると聞いたことがあります。ランキングの効果ですね。

長谷川　そのようですが、うちが扱っていない酒が1位になることもある（笑）。やらせだ、出来レースだなんていう人がいますが、厳正に審査している証しですよ。

――日本酒の品質は進化を続けてきましたが、秋田の「新政」のように、温故知新の姿勢で過去に学び、本来の日本酒とは何かを世に問う酒造りをする蔵元も増えてきたように思います。

長谷川　「新政」は全ての酒を木桶で仕込み、生《き》酛《もと》造り（※5）、低アルコールなど、突拍子のないことも率先してやっているように見えるけど、確かな哲学を持って、真剣に日本酒の将来を考えています。

あおい　今年3月に日本酒業界向けのセミナーを企画したときに、奈良の「風の森」蔵元から「歴史や文化を見直し、先祖がやってきたことを改めて学ぶフェーズに入っているのではないか」とのお話があり、おっしゃる通りだと感じました。お話だけではなく、『御酒之《ごしゅの》日記』『多聞院《たもんいん》日記』など室町時代の武家や僧侶の日記に記された菩提酛《ぼだいもと》や水酛（※5）で、甕で仕込むなど、現代醸造の基礎となる技術が生まれた奈良ならではの手法を活かした酒造りもされています。

　また、長谷川さんが関西でピカイチと評価される「みむろ杉」は、お酒の神様も祀られる大神《おおみわ》神社に湧く薬井戸と同じ伏流水を仕込み水に使っていて、菩提酛で、吉野杉の木桶で仕込んだお酒もあります。このように歴史的背景を活かした酒造りを行い、コンセプトが伝わるような発信をするのは、若い蔵元に多く見られます。

――酒米の栽培に取り組む蔵元も増えています。日本酒造りの技術が史上最高レベルに達したいま、新世代の蔵元たちは、酒の〝美味しさ〟や〝質の高さ〟を超えたテーマを模索しているのではないでしょうか。

〝国酒《こくしゅ》〟としての日本酒を大切にすべき

――最後に未来についてのお考えをお聞きしたいと思います。あおいさんは、日本酒にどんな理想像を描いていますか？

あおい　国内の消費量は残念ながら年々減少していますが、日本酒の素晴らしさを体験したことがない方がほとんどだからだと思います。いつか日本酒がワインのように、世界中で愛されスタンダードな存在になること。それが、私が思い描く理想像です。

――外国人の日本酒ファンは増えていますね。コロナ禍以降、和食店や鮨店で日本酒を楽しむ外国人の姿をよく見かけます。

あおい　訪日して日本酒を飲んで魅せられた方々が、醸造所を設立する例も増えています。原料は米と米麹ですが、日本で造られた日本酒と区別する意味で「SAKE《サケ》」と呼んでいます。

――日本酒輸出協会によると、SAKE醸造所は確認できただけでも18カ国に60か所以上あり、アメリカ一国だけでも近く100を超える勢いだとか。アメリカではクラフトビールが人気なこともあり、若い人が起業してバーを併設した小さなクラフトSAKE醸造所を建てたり、米の生産者が醸造所を設立しているそうです。

長谷川　アフリカで醸造所を造る話も耳に入っています。

――日本酒とSAKEは別物とはいえ、外国人が日本酒をリスペクトしているのは確かですね。

あおい　海外で造られたSAKEは、これまで何度か飲み比べしたことがありますが、美味しいのは一握り。日本酒にないような香りや味に驚くこともありながら、様々な工夫は伝わってきました。

長谷川　一握りでも、美味しいものがあるのは進化ですよ。SAKE COMPETITIONに海外からエントリーする醸造所も年々増えています。今年は海外から19点エントリーしてきましたが、僕が試飲して、ニューヨークで造られている「獺祭《だっさい》」より高得点を付けたSAKEが2つもありました。あの「獺祭」より上、ですよ。それぐらいレベルが上がっています。

あおい　ニューヨークの「ブルックリン・クラ」は、

訪問したこともありますが、搾りたての生酒がとても美味しかったです。

長谷川　日本の酒蔵で技術を学んだ上で起業したり、日本から技術指導に行く人もいて、レベルアップしているのでしょう。

――世界中でSAKEが造られるようになると、日本酒にはどんな影響があると思いますか。

あおい　美味しいSAKEが世界中で造られるようになることで、本家本元の存在として日本酒にも目が向けられるのではないでしょうか。憧れを持って酒蔵を訪れ、田んぼや水源、神社などに足を運ぶ外国人が増えるといいなと思います。現地に足を運ぶことで、発酵などの食文化、工芸や祭りなどの伝統文化にも触れ、日本の奥深さを知ることにもつながりますね。結果、日本酒や地域の消費が増え、日本古来の田園風景を守ることにもなり、地域が元気になっていく。いい効果が期待されると思います。

長谷川　日本人は海外の評価を気にする傾向が強い国民ですから、日本人にも効果を期待できるのではないでしょうか。

あおい　同感です。日本人は外から評価を受けて、初めて自国や地元の素晴らしさに気づくパターンが多くあります。きっかけは何であれ、日本人が本来大切にしてきたものに立ち返るきっかけが、日本酒だと嬉しいですね。そのポテンシャルが日本酒にはあると思います。八百万《やおよろず》の神様に対するように、自然をはじめ万物に感謝し、祈り、米と水からできた日本酒をいただいて活力を得る。この営みを通して幸福度も上がっていくと感じています。

長谷川　海外でSAKEが盛んに造られるようになったいま、改めて国酒《こくしゅ》としての日本酒を大切に

※5　生酛（きもと）、菩提酛（ぼだいもと）、水酛（みずもと）
蒸した米と麹、水を混合した中で清酒酵母を培養したものを「酛」という。酒の母体になるので「酒母」とも呼ぶ。現在の酛造りは「速醸」が主流。「菩提酛」、「水酛」、「生酛」は、いずれも伝統的な技術。

しなければいけないと思います。我々はもっと日本酒に誇りを持つべき。それは日本酒を売る我々酒屋はもちろん、料理と共に提供する飲食店も、飲み手も同様です。

そもそも海外の高級ワインやシャンパーニュと比べて日本酒は値段が安すぎる。もっと高くていいし、その価値はある。高級ワインのように市場が価格を決めてもいいと思います。国酒を大切にしてこなかったことで、経済、農業……いろんなことにひずみが来ていると思う。弱い国になってしまった日本を、日本酒を通して見つめ直していくべき。日本固有の酒、日本酒。素晴らしい言葉じゃないですか。

——日本酒造りに欠かせない麹菌は、2006年(平成18年)に日本固有の菌として「国菌《こっきん》」と認められました。また麹を使った伝統的な酒造りは2021年に国の登録無形文化財に登録され、2022年にはユネスコの世界無形文化遺産に提案されて、近く登録される見込みです。お二人の話を聞いて、日本固有の文化である日本酒を私たちは大切にしなくてはいけないと思いました。

日本酒は幸せになれるお酒へ

——では最後に、改めてお二人に日本酒の魅力を語っていただきたく思います

あおい　和食はもちろん、多国籍の料理と合う懐の深いお酒であり、料理と一緒に楽しむことで心豊かになるお酒だと思います。日本酒にどっぷり浸っている日々に、とても幸せを感じていて。もし日本酒と縁がなければ、どんな人生だったのか想像もできません。日本酒は幸せになれるお酒であることを伝えていき、その輪を広げていきたい。これからも、日本人はもちろん、世界中の人々と共に日本酒を飲んで、想いを共有できたらと願っています。

長谷川　日本酒は料理を美味しくし、料理が日本酒を美味しくする。そこが最大の魅力だと捉えています。だから空酒《からざけ》はやらない。缶酎ハイなら肴なしでもいいけれど、日本酒は料理なしには絶対に飲まないし、飲めないんですよ。料理に寄り添い、お互いの魅力を引き立て合う。米からできている酒だからこその特質です。

——白いご飯と料理の関係にも似ているように思います。

長谷川　そう、だから日本酒ではペアリングという考えはあまり好きじゃない。日本酒は合わせる相手を選ばない。何にでも最高に合うというのが持論です。人生に日本酒は欠かせない、最高の伴侶だと思っています。

(敬称略)

「はせがわ酒店 日本橋店」では、10台もの大型冷蔵庫を使い、年間700種類もの日本酒、本格焼酎、和リキュールなどを扱う。店内のインテリアは天井のやわらかい曲線が窓の外の福徳神社と一体感を演出。カウンター上に配置した鍛金師・伊藤祐嗣さんの作品である鍛金の灯具や、酒造り発祥の地と言われる「三輪」の大神神社の杉玉など、こだわりが詰まった空間。

はせがわ酒店

東京都中央区日本橋本町2-1-1
武田グローバル本社1階
ほかに、亀戸本店、麻布十番店、GranSta東京店、東京スカイツリータウン・ソラマチ店、パレスホテル東京店がある。

陶芸家と料理人の真剣勝負

山口真人 VS 奥田 透

陶芸家と料理人との幸福な出会いは
器と料理の双方を昇華させ、
まだ見ぬ新たな世界を見せてくれる。

文／瀬川 慧　撮影／大山裕平

奥田　私が山口さんに会ったのは、2014年に黒田陶苑で開いた第2回目の個展です。たまたまやっていた個展を拝見して、すぐに目が止まりました。

山口　今も基本的に釉薬は変わりませんが、そのときは織部、志野、黄瀬戸などの器が中心だったと思います。

奥田　その織部が全然違った、キラッと光っていて造形も違っていた。紅志野も印象的で、「こんなに綺麗な紅志野ができるんだ」と感心しました。そこで初めて「山口真人」という名前を知りました。

最初に買ったのは織部の下駄付きの皿と紅志野の湯呑だったかな。1つ買い求めたら止まらなくなって、他の人に買わせるのがもったいなくて、結構買いましたね。

山口　はい、かなり買っていただきました(笑)。

奥田　そのときは「私だけが知っている、才能があるすごい人」だった。ものすごく得をした感じがして、同時に陶芸界はこのままでいいのかとも思いましたね。陶芸界って50歳を過ぎないと名前で呼んでもらえない。40代くらいまでは誰それ

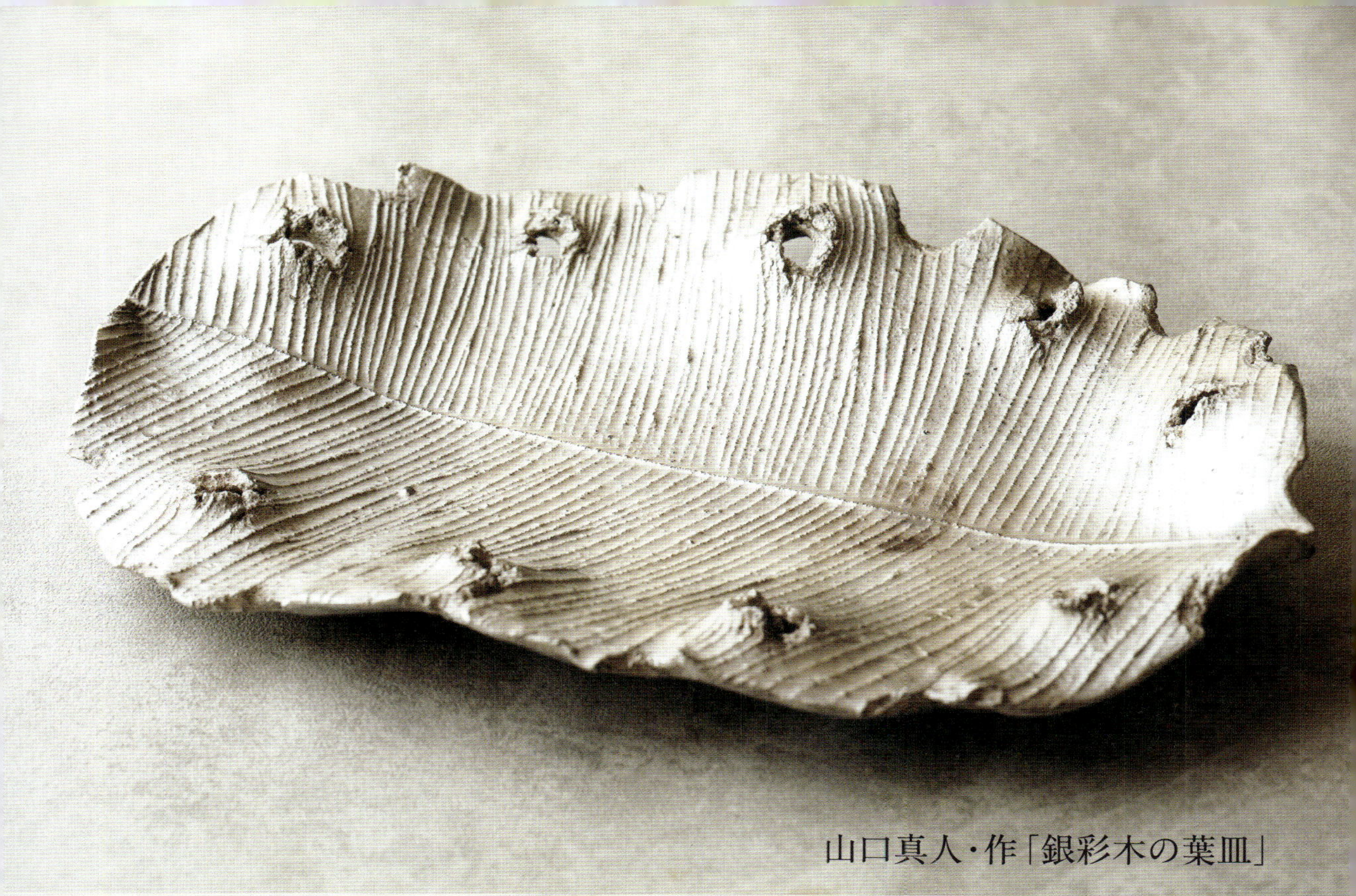

山口真人・作「銀彩木の葉皿」

奥田 透・料理「かますの松茸包み焼き」

やまぐち・まこと

1978年、愛知県瀬戸市出身。陶芸家の父の影響で自身も陶芸の道に進み、2000年に瀬戸の名門陶窯「霞仙」にて技術を磨く。2004年に工房を設けて制作を開始、公募展に出品を始める。2013年より、毎年「黒田陶苑」にて個展を開催。織部、志野、黄瀬戸、御深井など伝統技法のほか、「琳派織部」と自ら名付けた伝統文様と織部の融合作品など、感性を投影した独自の作風をつくり上げている。

の息子だったりするんです。だから、このクオリティでこの値段でいいのかと苛立ちも覚えました。

山口　僕はまだ30代前半ぐらいで、東京には1、2回しか来たことがなかったから、内心「すごいな、銀座」と思いましたね。すごい量を買っていただいて、これが本当の大人買いだと(笑)。

奥田　ほとんどの作品買ったんですよね、「はい、これで個展終了」になるくらい(笑)

山口　そのときはガチガチに緊張していて、少しお話させていただいたんですが、どうやってこの器を使われるのか、すごく興味がありました。それまで日本料理の世界をまったく知りませんでしたから、それ以後は興味を持って勉強するようになりました。

奥田　次の個展も、やっぱりすごかった。もう、わくわくドキドキ、これで自分の料理も変わると思いました。こういう若手の陶芸家と出会えたことがとても嬉しかった。

山口　3回目の個展は、日本料理の器を意識しました。それまでは自分が頭に浮かんだものを適当に作る感じでしたが、奥田さんに会って、懐石料理の流れなどについても考えるようになりました。「これは八寸に使えるかな」とか。

奥田　山口さんの器の迫力には、底知れないものがあります。料理がある意味、器に試されている。そこに盛るには、それなりのハードルを超えないとならない。料理を盛るということは、器を作った陶芸家の世界観を征服していくことでもあります。こちらが、それ以上の能力、経験値、もしくはエネルギーがないと、器に料理を盛って使うというところまで行き着けないと思いますね。

山口　そんな奥田さんの料理を見て、こんなふうにこの器を使うのかと一つ一つに驚きましたね。特に印象的だったのが、信楽の分厚い長方皿に薄造りの刺身を盛った料理でした。あれはかっこいいと思いましたね。

奥田　現代に輝いている若手作家さんには、それだけの力があります。山口さんはその筆頭だと思う。作品もかなり迫力が増してすごくなって来ていますから。

山口真人・作「信楽長方皿」

奥田 透・料理「かわはぎと車海老のお造り」

織部、御深井《おふけ》を軸に多彩な造形に挑む

山口　最初に買ってもらった〝御深井《おふけ》〟は、六寸くらいの皿でした。

奥田　今回の個展の「御深井変わり皿」と並べて見ると、以前はまだ迷っていたんだなという感じがありますね。

山口　御深井というのは、瀬戸の赤津地区の代表的な釉薬で、昔から茶道具に使われていたものです。素朴な薄い青色、もしくは黄色の落ち着いた侘びの作品が多かったのを、現代的に、そして僕的にどう表現したらいいかをいろいろ考えているうちに、今の作品に辿り着きました。

　初期の頃に奥田さんに買ってもらった御深井とは、随分違います。土の質、呉須の流れの表現がまだできていなかった。

奥田　現在はこれでいいと完全に開き直ったというか、突き抜けたものがありますね。〝ものづくり〟って、そんなにバリエーションが続かないのに、毎回、個展に行くと新しいものができている。同じ織部でも、同じ人が作ったとは思えない、全然違うものが並んでいる。「まだ、引き出しがあったんだ」と感心しますね。

山口　とりあえず、同じ物を作るのはやめようと意識しています。常に何か新しいものを作ろうと。

奥田　山口さんの器は、たとえ10年前に買ったものでも古くは見えないんですが、やっぱり新作はいつもギラッと光っています。山口さんは私が思うよりも、いつも数段先を行っています。それに毎年マイブームがあって、「今年は薄手なんだな」「今年は穴が開けたかったんだな」と一目でわかる（笑）。

山口　だいたい考えることは単純で、今年は座布団みたいに折り畳みました（笑）。だいぶ考えることが無くなって、来年どうしようかなと。やはり、織部は自分の軸ですから、それを使いながら造形や表現を変えようと思っています。また、器だけでなく茶器、大きい花器やオブジェにも力を入れています。僕は常に新しいものを追い求めていきたいと思っていますから、個展などでそれを見てもらえる環境があればベストなんです。

奥田　料理と器の関係は、千利休の安土桃山時代からあったわけです。その頃から現代まで、陶芸家と料理人の真剣勝負は続いています。お互いがより進化して、今を捉えていなければ意味がありません。今を生きている者同士で高め合うことが必要なんだと思います。

山口　奥田さんは器などはどこで管理されているんですか。とんでもない量でしょう？

奥田　従業員用の寮や倉庫など、数カ所に分散して置いています。私が山口真人さんの個展をやったら、たぶん10回くらいできますよ（笑）。

　私が山口さんにいつも言うのは、「器用な人で終わるのか、すごい人で終わるのか、どちらかを選んだほうがいい」ということ。できれば、いつまでもギラギラしていてください。そして世界に出て一番になってください。世界で評価してもらいましょうよ。今の時代から、たくさんの陶芸界のスターが生まれることを願っています。

（敬称略）

山口真人・作「銀彩鮑皿」

奥田 透・料理「蒸し鮑と鮑の肝豆腐」

2024年5月に「銀座 黒田陶苑」で開催された、『山口真人個展ー織部を探るー』にて。織部を多彩に展開している山口さんの迫力あるオブジェや織部花器の前で、奥田さんと。

山口さんの器の迫力には、
底知れないないものがあります。
料理がある意味、器に試されている。
——奥田 透

とりあえず、同じ物をつくるのは
やめようと意識しています。
常に何か新しいものをつくろうと。
——山口真人

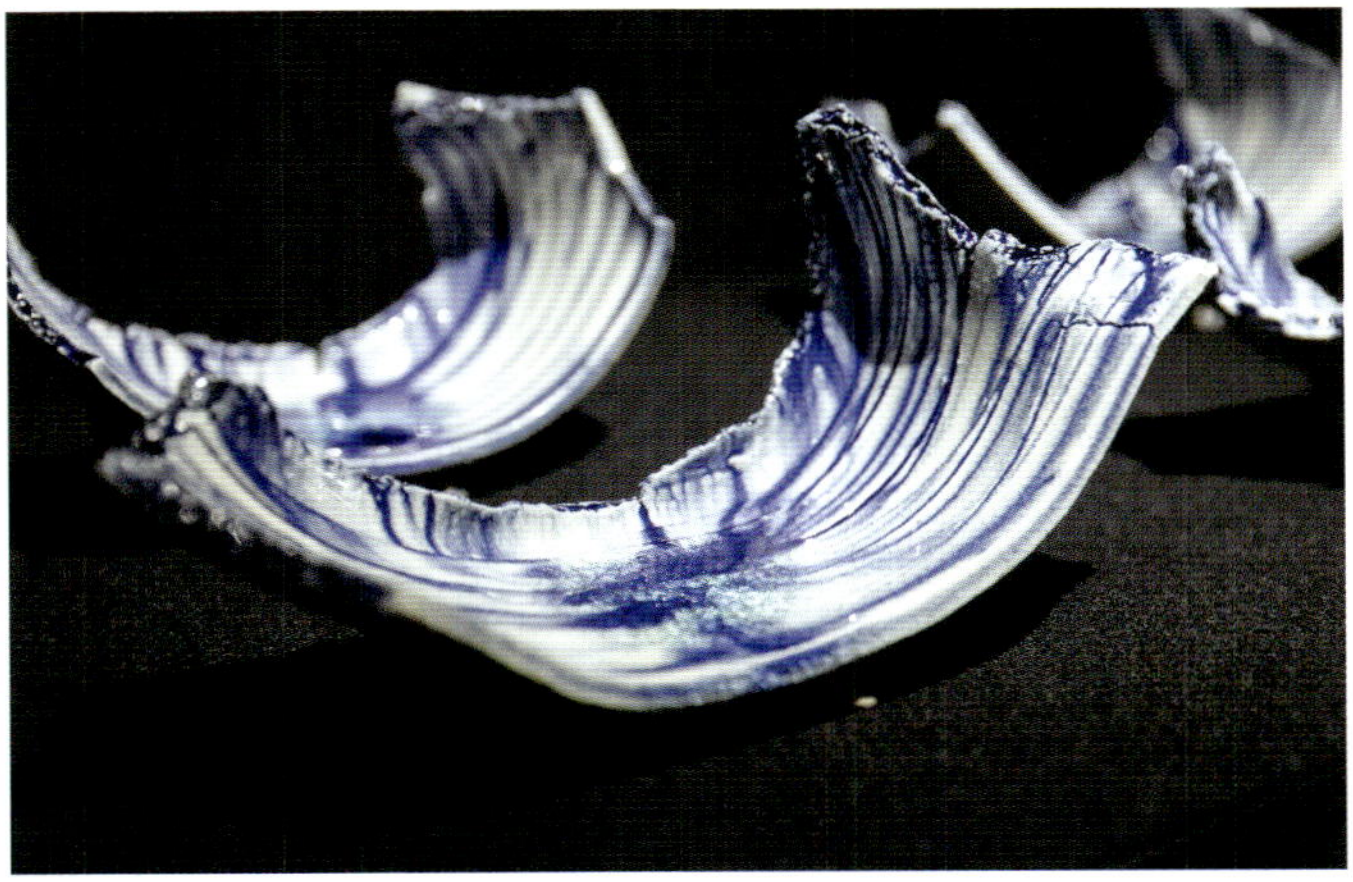

個展会場に並ぶ、琳派織部のぐい呑みや多彩な織部の器、御深井の変わり皿など。

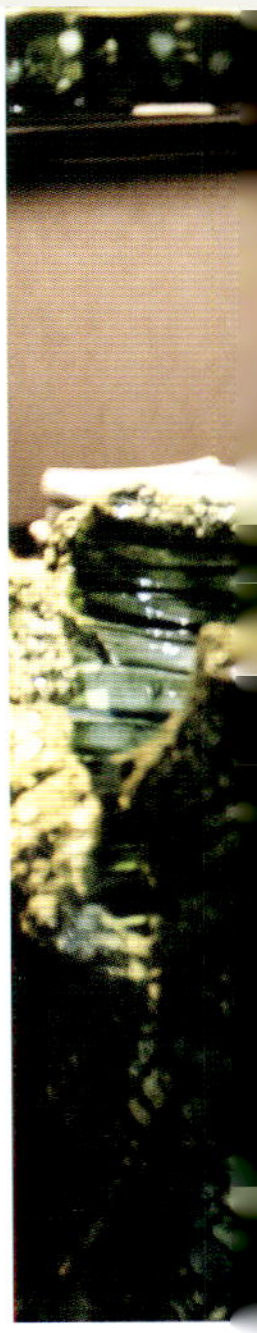

銀座 黒田陶苑（ぎんざ・くろだとうえん）
東京都中央区銀座7-8-17
虎屋銀座ビル5階
TEL03-3571-3223
営11：00〜19：00
休月曜

和食のサイエンス
天ぷら編

高温の油でジュワッと揚げる天ぷらは、
瞬時の判断が求められる技術のひとつである。
食材の食感や味わいを大きく左右する一瞬の判断は
温度や油の状態、食材の水分量など、
さまざまな現象によって影響を受ける。
科学的な視点から天ぷらを揚げる際の
微細な変化や反応を探ることで
理想とする一品を作り上げる秘訣が見えてくる。

文・土田美登世　撮影・山下亮一

撮影協力／「天麩羅なかがわ」中川崇

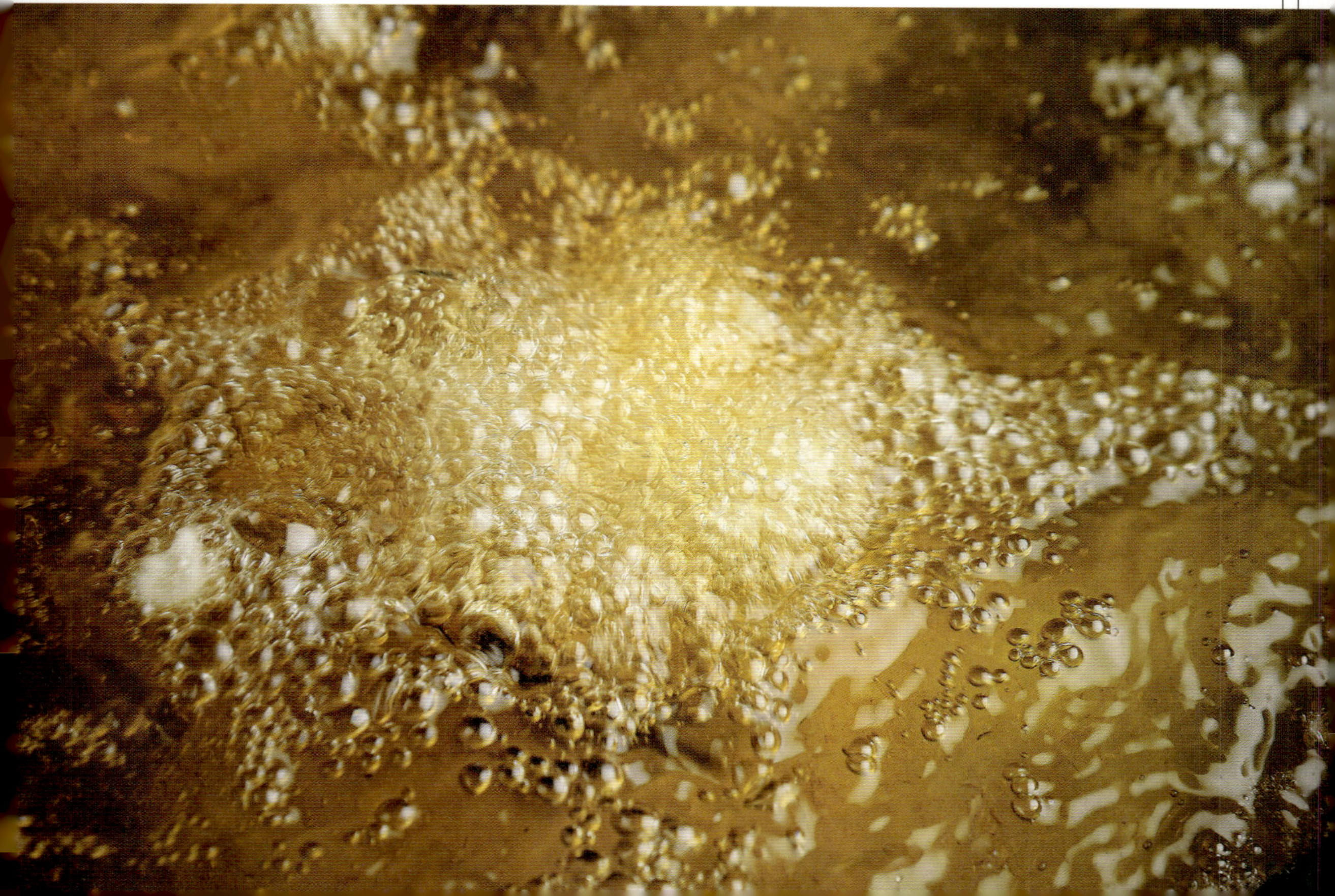

たね

鮨と同様 鮮度が大事

図1　1852（嘉永5）年に歌川広重が描いた「浄瑠璃町繁花の図」。石川五右衛門似の男が天ぷらを揚げている。国立国会図書館デジタルコレクション
https://dl.ndl.go.jp/pid/9369513

天ぷらには白身魚の理由

江戸時代の暮らしを描いた浮世絵（図1）に、長屋の広場で天ぷらを揚げている人物が描かれている。その広場は現代のスーパーマーケットの惣菜売り場のようににぎわっており、タネに衣をつけて揚げる天ぷらは江戸の時代から庶民に食べられていたことが伺える。当時の衣は現代よりもかなり厚くてボテッとしていたようだが、天ぷらのタネは江戸湾つまり「江戸前」でとれるクルマエビやキス、アナゴなど白身の魚介が中心であった。今でも江戸前をうたう天ぷらは、赤身よりもこうした白身魚が季節を彩っている。

天ぷらのタネに白身魚が多いのは、そもそも、天ぷら文化の礎をつくった江戸の湾に生息する魚に白身魚が多いという地理的・歴史的な要因に加え、白身魚が持つ赤身とは異なる身質も大きく影響している。まず、その色が示すように白身魚は赤身魚よりも血合いが少ない。いわゆる「血生臭さ」が少ないため、衣で瞬時に味や香りを閉じ込める天ぷらには白身魚のほうが好まれやすい。また魚の身の主成分はタンパク質で、線維状の「筋原線維タンパク質」が束になり、その間を「筋しょうタンパク質」というゼリー状のタンパク質が埋めて接着剤的な役割をして筋線維をつくっている。これらの構成が赤身と白身とで異なり、身質の違いを生んでいる。

白身魚は「筋原線維タンパク質」が太くて多く、「筋しょうタンパク質」が少ない。赤身魚はその逆で、「筋原線維タンパク質」が少なく「筋しょうタンパク質」が多い。「筋原線維タンパク質」は45℃くらいで固まり、「筋しょうタンパク質」は60℃くらいで固まる。このタンパク質の温度差によっても、白身魚と赤身魚の加熱による身質の違いが生まれる。

つまり、こうだ。
白身魚に衣をつけて熱い油に入れると、衣と自身の水分によって衣のなかで蒸される状態となる。そうするとまず「筋原線維タンパク質」が固まるが、高温で短時間の加熱のために「筋しょうタンパク質」がまだ固まりはじめの状態で油から取り出される。接着剤的な「筋しょうタンパク質」の量が少ないうえにまだゆるいので、筋原線維タンパク質はほぐれやすい。さらに、赤身魚と白身魚とでは水分量が異なり、白身魚のほうが水分が多いので（図2）、ふんわりとやわらかく、ホロホロと崩れる独特な身に仕上がる。これが赤身だと、接着剤的な「筋しょうタンパク質」が多いため短い時間でも白身魚よりもしっかり固まって身が締まった状態になり、軽くもろい食感にはなりにくい。

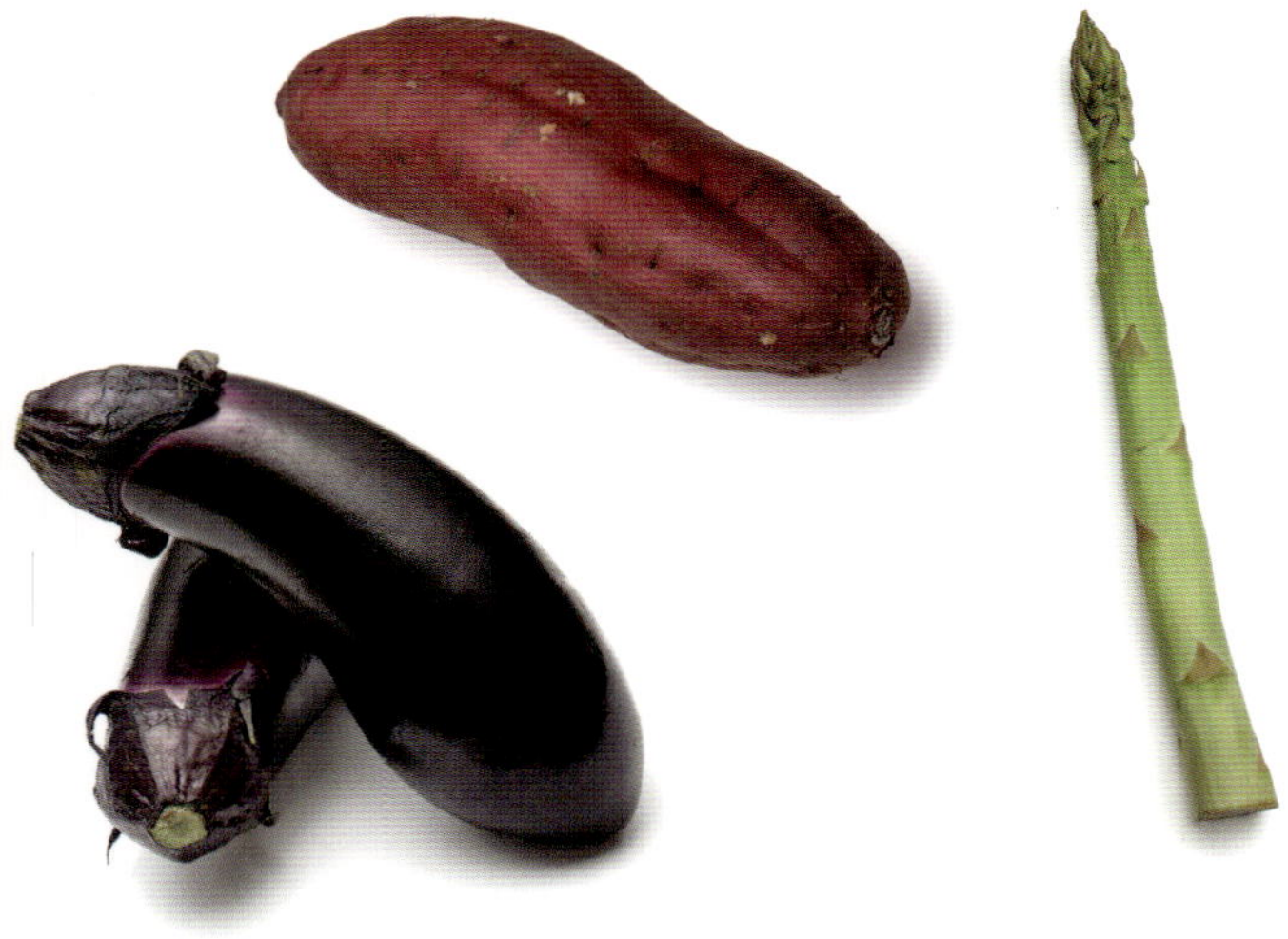

ナスのような果菜類、アスパラガスのような茎菜類、サツマイモのような根菜類の個性を生かすように揚げる。

野菜の香りを閉じ込め、甘味を引き出す

江戸前とは一線を画すが野菜に衣をつけて短時間で揚げることで、魚介にはない色合いと香り、食感を天ぷらに生かせるのが野菜の天ぷらの醍醐味だ。大葉などのような葉野菜やキノコ類、アスパラガスなどの茎菜類は繊維質だが、この繊維をあえて生かして、繊維同士の間から香りや水分が弾けるように、フレッシュさを残して揚げる。

いっぽう根菜類のサツマイモの場合、理想のホクホクに揚げるには時間がかかる。それは、サツマイモの主成分はデンプンで、ブドウ糖が数珠のようにつながった鎖状の構造をして、さらに結晶化していて加熱前の状態は非常に固いからである。サツマイモはアミラーゼという酵素を持っているので、熱をかけてデンプンを自身の水分で結晶を崩してやわらかくし（糊化）、酵素を働かせながら糖の鎖を切って甘く感じるように調理する必要がある。この酵素が働く温度帯は65～75℃であり、この温度を長く働かせれば甘くなる。そのために油の温度や、イモの内部への熱の伝わり方を考えたサツマイモの厚さも意識しなければならない。衣に包まれ、時間をか

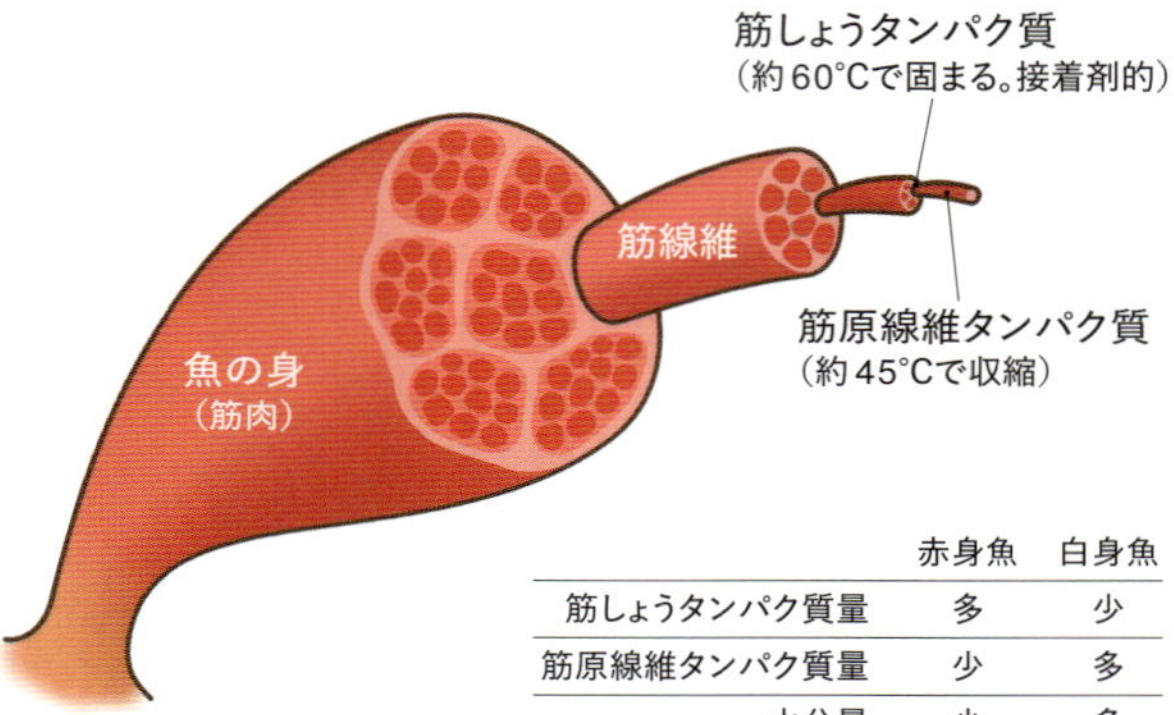

	赤身魚	白身魚
筋しょうタンパク質量	多	少
筋原線維タンパク質量	少	多
水分量	少	多

図2　魚の身（筋肉）を構成する筋原線維タンパク質、筋しょうタンパク質。

砂泥域に棲息

天ぷらの旬を彩る　江戸前の魚

回遊魚のように酸素を必要としないため、酸素を蓄える赤色の色素がなくて身が白い魚が多い。水分が多く、加熱するとホロっと崩れやすい。

アナゴ（通年）

クルマエビ（通年）

メゴチ（通年）

ギンポウ（晩春〜初夏）

ハゼ（初夏〜秋）

キス（通年）

＊（　　）内は一般的に食べられる時期

けてじっくり揚げたサツマイモは、まわりはサクサク、中がホクホクの、食感に仕上がる。

野菜にしても魚介にしても、高温の油で一気に揚げることで、衣に包まれたタネは衣のなかで蒸された状態になる。そのため、タネの持ち味がダイレクトに閉じ込められる。うま味や甘味といったおいしさにつながるポジティブな要素であればよいが、臭みなどのネガティブな要素も衣で閉じ込められてしまうので、タネの鮮度など品質には特に気を配る必要がある。念のため。

衣

サクッを求めて
グルテンを作らない

小麦粉と水が天ぷらの〝姿〟を決める

衣は天ぷらの仕上がりに大きく関わる。高温の油に入れるとすぐに衣が固まるので、衣の状態によって外観つまり天ぷらの形がある程度決まる。衣をつけて油のなかに入れると、衣の具合と温度の加減によって衣ののり方、散り方が変わり、揚げ上がりの衣の形が変わる。

外観だけではなく食感にも大きくかかわる。サクッを求めることはもちろん、サクッよりもカリッとさせたい場合はあえて衣を薄くつけて高温で揚げるし、唐揚げのような食感を作ってネタとの対比を楽しむ揚げ方もある。それほど衣は大事なものだ。

衣は基本的に水、卵、小麦粉で作るが、サクッと仕上がっている天ぷらは、油で揚げることによって水と油が上手に交換されたことを意味する。つまり、衣に含まれた水分が表面から蒸発し、水が抜けた部分に油が入り込んでいる状態である。水が十分に蒸発し、油がしっかり入り込んだ揚げ物ほど表面が乾燥してカリッとサクッとなる。逆に水が残っているとベタッとした天ぷらになる。

水と油が上手に交換するためには、水が衣から出やすいようにする必要がある。そのため多くの場合、天ぷらの衣としてタンパク質量が少ない薄力粉を使う。タンパク質が多いとグリアジンとグルテニンがからまった（図3）グルテンという網目構造のタンパク質を形成し、水を吸いやすくなるからである。もしタンパク質が多い小麦粉を使っていったん水を吸ってしまうと、その水は出にくくなり、水と油の交換がむずかしくなる。そのため、ベタッとなる。

小麦粉に対する卵と水を合わせた卵水の量は粉の重量に対して一般的に1.5〜2倍である。卵は風味と口当たりをよくするために加える。そして衣を作るコツとしてよくいわれることは「混ぜすぎないように、粉が少しくらい残ってもよい」ということ。これも、

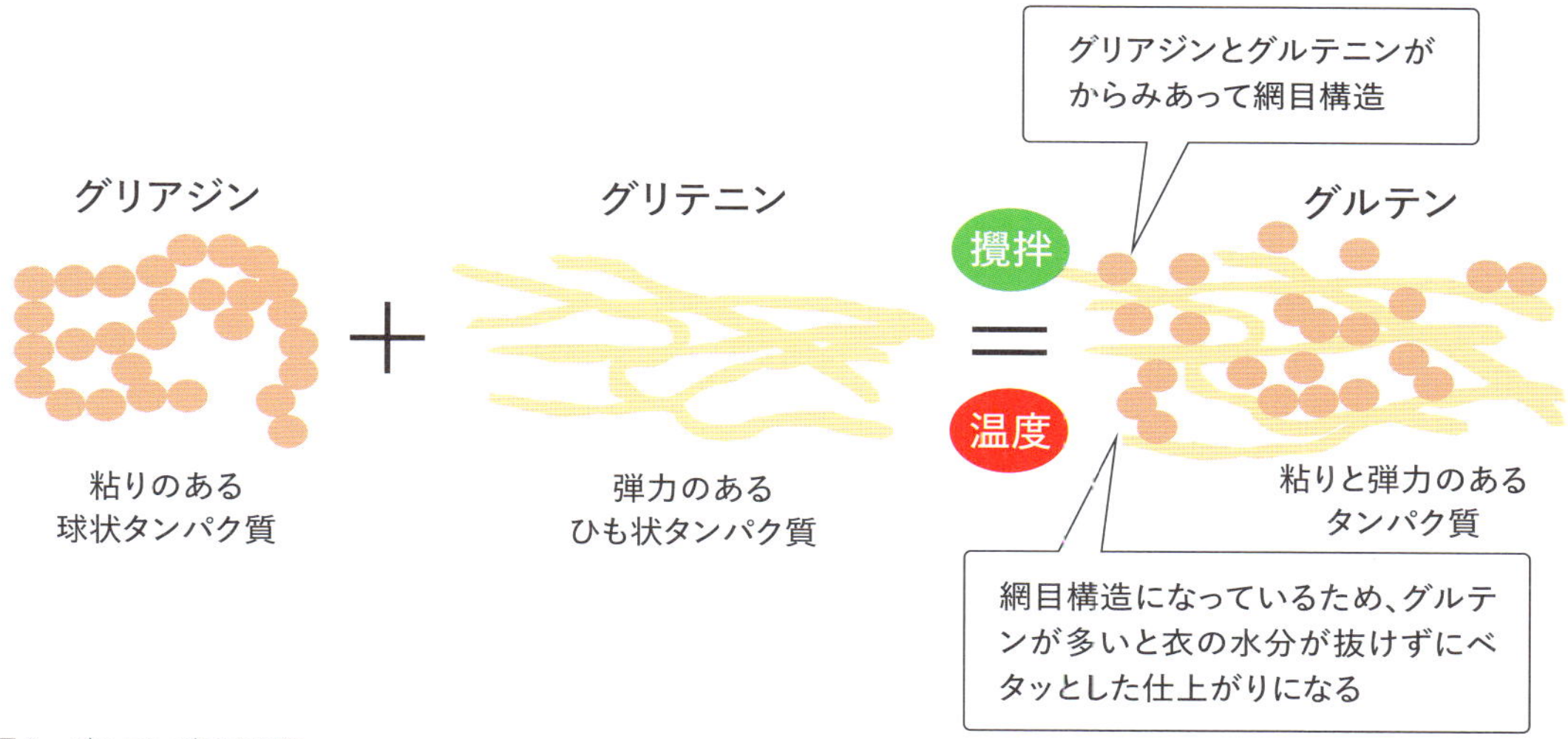

図3　グルテンができる図

小麦粉が混ぜることによってグルテンができるのを防いでいる。

ところで、小麦粉のグルテンができる条件を挙げれば、先の「混ぜること」に加えて「温度を高くする」ことが挙げられる。そのため、グルテンをつくらないためには粉も水も冷蔵庫に入れて温度を低くする。だがせっかく合わせる水の温度を低くしても、揚げるときに揚げ鍋のそばに衣を置き続けてしまっては、衣の温度が高くなってグルテンができやすくなってしまう。油に投入するときにのみ近づけ、あとは衣と揚げ鍋を離しておく配慮が必要だ。

また、タネによっては衣をつける前に小麦粉（打ち粉）を薄くつける。衣とタネをくっつける接着剤的な役割をするとともに、タネから出てくる水分を吸いとるので衣がべたつかずにからりと揚がる。厚くまぶすと粉っぽくなるので、表面をはたいて余分な粉を落とす。

グルテンを作らせない太い箸

衣をつくるときに使う粉箸はよく見かける菜箸よりもかなり太い。これもグルテンを形成させないためである。小麦粉と水をとくときはかき混ぜず、粉箸でたたくように合わせていくが、箸が太いとそうした叩く作業を行いやすくて小麦粉と水がよくとけ合う。箸が細いと叩くだけでは小麦粉と水がときづらいため、かき混ぜることになる。かき混ぜればグリアジンとグルテニンが菜箸にひきづられるように動いて互いに絡み合うため、グルテンが多くつくられる。

打ち粉の有無や衣の厚さなどタネによって衣のつき具合を変える。

揚げる

タネと油の変化を瞬時に見極める

泡立ちで判断する水と油の交換

天ぷらを揚げている最中は、やたらと親方に話しかけないほうがいいだろう。なぜなら高温に熱した油のなかで調理する天ぷらは、タネを油に入れた瞬間から秒単位で状態が変化するために高い集中力と判断力が要求されるからだ。一度油に入れてしまったら、もう後戻りはできない一発勝負だ。油に入れた際の衣の散り具合、油の波打ち状態や浮いてくる泡の具合、衣の色、揚げ箸で持ったときの重さなど、目の前にあるタネと油の状態で仕上がりの判断をする。

天ぷらの仕上がりについては関西と関東に違いがあり、関西ではクリアな油であっさり揚げて塩で、関東は焙煎したゴマ油でしっかり揚げて天つゆで食べるといわれている。昨今では関西・関東に関わらず、あっさり派の天ぷらが多くみられる。

一般的に天ぷらを揚げる温度は170〜180℃といわれているが、関東のしっかり揚げ派の天ぷら専門店ではそれよりも高い200℃で揚げるところもある。

天ぷらを揚げる過程では先にもふれたように、衣の水分が蒸発し、水分が抜けたと

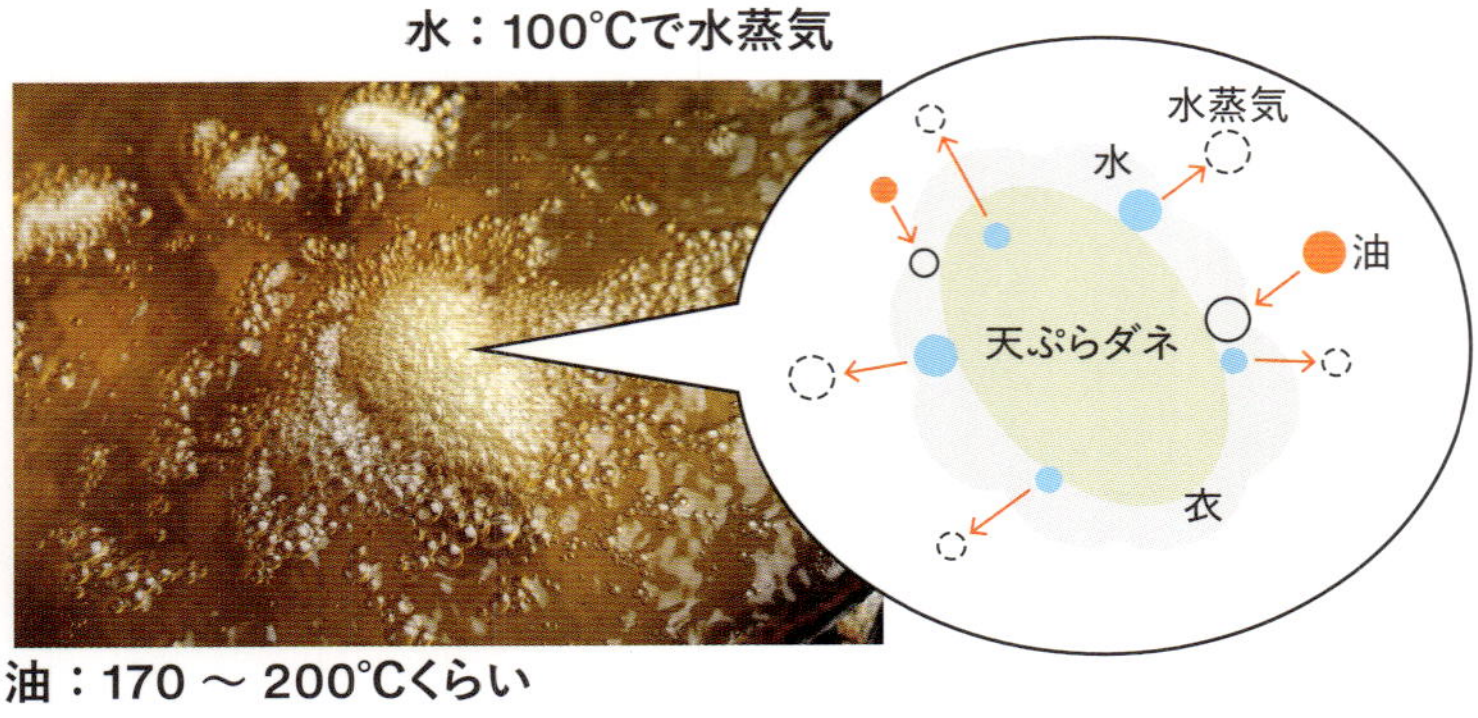

図4　鍋のなかで揚がっている状態。水蒸気の泡は水と油の交換が起きている証だ。

温度のアップダウンにより、衣やタネに伝わる熱も変わり、仕上がりも異なってくる。衣に包まれて中の状態が見えない分だけ、経験に基づく勘が生かされる。

ころに油が入りこむという「水と油の交換現象」が起こっている。衣つきのタネを油に入れると激しく泡立つ。この泡は水蒸気で、衣の油と水が交換している証だ。そしてやがて蒸発する水がなくなってきて、泡立ちも落ち着いてくる。水と油が十分に交換していると、衣が乾いた状態になってサクッと感じる。逆に交換がうまく起こっていないと、衣の表面に油が付着してしまい。それが口の粘膜にふれてベタッと感じる。

揚げる過程では、鍋の熱が油を介して衣からタネに伝わる。揚げ始めは油の熱で衣の温度が上がっていき、衣が１００℃になると衣の水分がいわゆる「沸騰」し、水蒸気になって蒸発する。そして、さらに熱が中まで伝わっていき、タネの温度が上がってくる。

ところで、油は水よりも温まりやすく冷めやすい性質を持っている。そのためタネを揚げ油に入れると一気に温度が下がる。それからまた加熱し続けると温度は上がるが、伝わる熱はタネに含まれる水の蒸発に使われるので、温度の上がり方はゆるやかとなる。そしてこの温度の上がり方は、衣が薄いほうが厚いものよりも水分が少ないのでそれに使われる熱も少なく、速く上がる。こうした温度のアップダウンによって、衣やタネに伝わる熱も変わってくるため、仕上がりも異なってくる。天ぷらは温度が高いので変化も激しい。衣に包まれて中の状態が見えない分だけ、内部の温度を測定しない限りは、経験に基づく勘が生かされるところでもある。江戸らしい「粋」な技が光る料理だ。

つちだ・みとせ

生活科学博士。「専門料理」編集部、「料理王国」編集長を経て、現在は文教大学調理学講師を務める。著書に『すしのサイエンス』『天ぷらのサイエンス』（誠文堂新光社刊）

日本の料理と食物史

その場にあるものを食べて命を長らえることから、味を調えておいしく食べることへの変化とその後の発展は、気候、文化、政治、国際関係などによって大きく変化してきた。本項では、それらを年代別にまとめて年表とした。日本の食べ物、料理に関する内容をベースに、特筆すべき国内の出来事を赤字で、国際的な出来事を青字で加えた。

作成／安藤菜穂子

古墳

675 天武天皇が「肉食禁止令」を発布。魚、大豆と米でタンパク質を摂り、出汁を工夫する和食の基本が育成される

奈良

710 奈良時代に庶民も箸を使うことが一般化。手食から脱却する

鎌倉

1227 道元、中国から精進料理をもたらす

1228 中国の金山寺から持ち帰った金山寺味噌の製造過程で出る汁から醤油を開発

1235 嵯峨小倉山荘にて、藤原定家により小倉百人一首が成立

1250 この頃、すり鉢が普及し味噌汁が登場。一汁一菜という食卓スタイルが確立

室町

1392 李成桂が李氏朝鮮を建国

1450 ドイツのグーテンベルグが活版印刷術を発明

この頃、ヨーロッパでフォークとナプキンが登場

1465 現存する日本最古の飲食店「本家尾張屋」が京都で創業

1492 コロンブス第1回航海。アメリカに到達

1505 トルコで世界初のコーヒーを出す喫茶店登場

1546 茶の湯の普及とともに懐石料理が発達

茶湯文化爛熟

安土桃山

1560 藤原有次が刀鍛冶として創業。のちの「有次」となる
1573 織田信長が将軍足利義昭を追放、天下統一を果たす
1579 ポルトガル人により長崎にタマネギが伝わる
1582 天正少年遣欧節がヨーロッパを訪問
千利休が「待庵」を造成
1587 この頃1日3回の食事が定着する
1590 江戸日本橋の魚河岸が始まる
蝦夷（北海道）で昆布の採集が始まる
1591 千利休、切腹により他界
1598 オランダ人が長崎にジャガイモをもたらす
1599 鶴屋（のちに駿河屋）当主5代善右衛門が練り羊羹を考案
1600 イギリスに東インド会社設立（1602年オランダ、1604年フランスでも）
1603 徳川家康が江戸幕府を開く

江戸

1610 奄美大島に黒砂糖の製法が伝わる
1611 東京都品川区の東海寺の沢庵禅師による大根漬を徳川家光が「沢庵漬」と命名
1614 一説に、摂津の酒造家、山中勝庵の蔵で使用人が酒に灰を投げ込んだことから清酒造りが始まったといわれる
1616 李参平が有田で初めて磁器を焼成
1624 長崎の「福砂屋」がカステラの製造を開始
1624 桂離宮完成
1626 幕府により饗宴の華美が禁じられる
1643 有田焼の酒井田柿右衛門が赤絵を完成
1646 赤穂藩、塩田の開発を始める
1660 隠元禅師、中国から黄檗山萬福寺に精進料理の普茶料理を伝える
1667 神奈川県葉山で「日影茶屋」創業

江戸前外食文化

江戸

1673 三井高利が「越後屋」を創業。のちの「三越」となる
1684 江戸に鮨屋が登場
1689 南蛮茶としてコーヒーが紹介される
1691 笹乃雪初代玉屋忠兵衛が絹ごし豆腐を発明
1697 水戸光圀が日本人として初めて中華麺を食べる
1716 徳川吉宗、享保の改革を開始。農業を支援し、財政を立て直す
1717 向島の山本新六が長命寺桜餅を販売
1725 江戸各所に料理茶屋が出現
1738 永谷宗円が煎茶の製法を確立
1758 土佐にて鰹節の製法が成立
この頃、江戸各所に居酒屋が登場
1772 江戸小石川で大福餅が販売される
江戸で寿司、蕎麦、おでんの屋台が目立つようになる
1773 江戸で会席料理「升屋」開業
1785 天ぷらの立食屋台が現れる
江戸で巻き寿司が生まれる
1790 江戸でうなぎの蒲焼が流行
1798 讃岐(香川県)で和三盆を製造開始。大阪の中央市場で販売される
1810 樋口与一が日本橋の魚河岸に食事処「樋口屋」を開店。後に日本最古の現存する弁当店「弁松」となる
1822 料理茶屋「八百善」4代主人栗山善四郎により献立集『江戸流行料理通』発刊。70年にわたるロングセラーに
1824 『江戸買物独案内』上・下・飲食の3冊組で約2600店を紹介
江戸本所「与兵衛鮓」の初代主人華屋与平衛が握り寿司を大成
1830 初代・灘屋萬助が大坂で「なだ万」創業
1837 現存する最古の天ぷら屋「雷門 三定」創業

江戸

茶屋として営業していた京都南禅寺「瓢亭」が料理店の看板を掲げる

1837 大坂で大塩平八郎の乱が起きる

1842 伊豆韮山の代官で軍学者の江川太郎左衛門が日本で初めてパンを焼く

1847 料理店の名簿を兼ねた広告本『江戸名物酒飯手引書』出版

1853 アメリカ海軍のペリー提督が浦賀に来航

1853 ペリーが日本の役人に炭酸入りレモネードを振る舞う。レモネードがなまって「ラムネ」に

1854 パリでルイ・ヴィトンが旅行バッグ専門店として創業

1858 江戸幕府と初代アメリカ総領事ハリスの間で日米修好通商条約が結ばれる

1858 アメリカのウィスキーが日本上陸

1863 長崎で草野丈吉が日本初の西洋料理店「良林亭」を開業

1867 徳川慶喜が大政を奉還。江戸幕府が終焉を迎える

明治

1867 江戸で最初の牛肉屋「中川」が芝に牛鍋屋を開店

1868 築地でラムネの製造開始

アメリカ人のコプランドが横浜で日本初のビール醸造所を開設

1868 江戸が東京に改められる

1869 政府機関の大蔵通商司が東京に「築地牛馬会社」を設立。肉の提供と搾乳を開始

外山佐吉が東京向島で茶店を開き「言問団子」を売り出す

木村安兵衛が日本初のパン屋「文英堂」を開店。その後「木村屋」となり、1874年にあんぱんを考案

1870 製氷機による人造氷の製造に初めて成功

1871 一般農民による米の販売を許可。清酒、濁酒、醤油の醸造税、免許税設立

開拓次官の黒田清隆がアメリカからジャガイモと小麦の種をもたらし、北海道で栽培開始

1871 廃藩置県が施行される

1872 明治天皇が肉食奨励のために自ら牛肉を試食。文明開化とともに肉食がブームに

両国の鳥料理店「鳥安」で合鴨料理が提供される

明治

1874 三河屋久兵衛が東京に初めて西洋料理店を開店
1872 新橋―横浜間で鉄道開通
全国に小学校が開設される
太陰暦から太陽暦に変更
1874 宮内省大膳職料理方の村上光保が妻名義で東京麹町に初の洋菓子専門店「村上開新堂」を開店
1876 岩倉具視らの支援を受け、北村思威が上野に西洋料理「精養軒」を開業
1877 西南戦争開始
1878 東京の「凮月堂」(1872年創業)が日本で初めてチョコレートを製造販売
1875 緑茶の輸出が盛んになり、アメリカで好評を博す
1878 エジソンが白熱電球を発明
1879 山梨県で初めてぶどう酒が製造される
1880 初代堀田七兵衛が「蔦屋」の神田連雀町支店を譲り受け、「かんだやぶそば」を開店
この頃、雑煮屋、汁粉屋が流行
1881 榎本武揚による東京・飯田橋の牧場「北辰社」が牛乳配達を開始
1883 井上馨による欧化制作の一環として西洋館「鹿鳴館」が建設される
1885 上野―宇都宮間で鉄道開通。宇都宮駅で旅館「白木屋」を営んでいた斉藤嘉平が駅弁を発売
「ヤマサ醤油」がウスターソースを製造開始
磯野 計が英国留学の経験をもとに、横浜に「明治屋」を創業
1886 海産物商として1675年に創業した「酒悦」が福神漬を開発
1888 「ジャパンブルアリー」が麒麟ビールを製造開始
1889 「カゴメ」創業者の蟹江一太郎がトマト栽培を開始
山形県鶴岡市の私立忠愛小学校で貧困児童を対象に初の学校給食が実施される
1890 帝国ホテル開業
1891 大阪南船場の「寿司常」がコノシロの半身を使った押し寿司「バッテラ」を考案

文明開化

明治

1894	原田右衛門が浜名湖で鰻の養殖を開始
	この頃、東京で焼き鳥が流行
	1894　日清戦争開戦
1895	渋沢栄一らが日本精糖株式会社を設立
	山本音次郎により銀座に「煉瓦亭」開業。初代がコートレット（仔牛肉のカツ）を、2代目木田元次郎がポークカツレツを考案。
1899	日本麦酒株式会社（のちのサッポロビール）が銀座に日本初のビヤホールを開店
	鳥井信治郎、大阪に「鳥井商店」を開業し、ぶどう酒の製造販売を開始。のちに「寿屋」、「サントリー」となる
	松田栄吉が牛丼を考案し、日本橋の魚河岸で「吉野家」を創業
	山陽鉄道（現在の山陽本線）の急行列車に食堂車付き一等車が導入される
1901	シカゴ在住の日本人化学者加藤サルトリ博士がインスタントコーヒーを発明
1902	初代辻留次郎が裏千家十三世家元圓能斎宗室から茶懐石を学び「懐石 辻留」を創業
	赤堀割烹教場（現赤堀料理学園）で、和服の女性を調理しやすくするため割烹着を考案
	1904　日露戦争開戦
1907	1904年にデパートメント宣言を行なった「三越呉服店」本店内に食堂開設
	赤玉ポートワイン発売
1908	鈴木三郎商店が「味の素」を発売
	東京衛生試験所長の田原良純がフグ毒を解明
1910	おざき貫一が「浅草　來々軒」を開店。日本初のラーメンブームを起こす
1911	銀座に日本初のカフェ「カフェー・プランタン」開店

大正

1912	日本最古の洋式酒場「神谷バー」が神谷伝兵衛により開店される
1914	静岡の小長谷与七が製茶技術をヒントに粉わさびを考案
	1914　第一次世界大戦開戦
1921	東京の魚河岸で初めて冷凍魚が発売される

大正

1922 日本初の人工交配による米の優良品種「陸羽132号」誕生。のちのコシヒカリに
北大路魯山人、会員制の「美食倶楽部」を発足
江崎利一が栄養菓子「グリコ」を大阪の三越で発売

1923 関東大震災

1923 関東大震災を機に、食の職人が大挙して関西に移住。復興後、東京で「上方料理」が流行

1923 「寿屋」が京都山崎にモルトウィスキー工場を設立
日本で初めてアスパラガス栽培に成功した下田喜久三博士が缶詰の生産を開始

1924 「キユーピー」創立者、中島董一郎が日本で初めてマヨネーズを発売

1925 北大路魯山人「星岡茶寮」を開く

1926 フランス『ミシュラン・ガイド』が星付き評価を開始

昭和

1930 湯木貞一が大阪に「吉兆」を開店
「芝浦製作所(現・東芝)」が日本初の家庭用電気冷蔵庫を発売

1936 アルマイト製の弁当箱が流行

1937 盧溝橋事件により、日中戦争勃発

1939 米穀配給統制法が公布、実施される

1940 米、味噌、醤油など10品目に切符制が採用される
東京府が料理店の米食の使用禁止。営業時間制限を開始

1941 6代年で米穀配給通帳制度、外食券制度を実施

1941 日本軍がハワイ真珠湾を攻撃。太平洋戦争開戦
東京府と東京市が統合し、東京都となる

1944 警視庁、高級料理店850軒、バー・酒店2000軒を閉鎖
東京都がビアホールや百貨店、喫茶店を利用した雑炊食堂を開設

1945 広島、長崎に原爆投下。太平洋戦争終戦
日比谷公園にて「餓死対策国民大会」開催。全国各地で食料を求める運動が勃発

戦争の時代
食糧難

昭和

1946 米軍の余剰食料である小麦粉が日本に引き渡される。これを機に世界各国やユニセフなどからの援助が得られる
1950 アメリカ・レイセオン社により、世界初のマイクロ波レーダーレンジを製品化
1951 日本経済の復興にともない、電力不足が深刻化。休電日や使用限度規制などが行われる
1952 「永谷園」から「お茶漬け海苔」が発売され、大ヒット
1953 東京・青山に日本初のスーパーマーケット「紀ノ国屋」開店
1955 この頃から東京・大阪で深夜喫茶がブームに
国産初自動式電気炊飯釜が「東芝」から発売される
1956 『経済白書』に「もはや戦後ではない」と記述される
1958 日清食品が「チキンラーメン」を発売
東大阪市に日本初の回転寿司「廻る元禄寿司1号店」開店
1960 日本酒の公定価格廃止
大阪・阿倍野に辻調理専門学校開校
1963 「タッパーウェア」日本上陸
1964 東海道新幹線開通、東京オリンピック開催
1965 松下電器産業（現パナソニック）が一般家庭向け電子レンジ発売開始
1969 アメリカのアポロ11号が月面着陸成功
1970 ケンタッキーフライドチキンが名古屋に日本第1号店をオープン
1970 日本万国博覧会（大阪万博）開催
1971 マクドナルド、ダンキンドーナツが日本第1号店を銀座にオープン
日清食品がカップヌードルを発売
東芝から日本初の家庭用餅つき機「もちっこ」発売
1971 アリス・ウォータースがカリフォルニア州バークレーに「シニ・パニーズ」を開店。地産地消を唱える
1973 株式会社文流設立。「リストランテ高田馬場文流」開店。日本におけるイタリア料理の礎に
1974 グラハム・カー『世界の料理ショー』日本で放映開始

戦後復興

ファストフード

昭和

1975 紅茶キノコがブームに

1976 田淵道行が「ほっかほか亭」の母体となる弁当店を埼玉県草加市に開店

1982 大阪に「マハラジャ」1号店オープン。ディスコブームに

1983 『美味しんぼ』（原作：雁屋哲、作画：花咲アキラ）が小学館『ビッグコミックスピリッツ』にて連載開始

日本初の家庭用ミネラルウォーター「六甲のおいしい水」発売

1984 ハーゲンダッツアイスクリーム日本発売開始

1985 日本初の宅配ピザ「ドミノピザ恵比寿店」開店

この頃、イタリアでカルロ・ペトリーニらによりスローフード運動が始まる

1986 日本かいわれ協会（現日本スプラウト協会発足）70年代までは高級食材だったかいわれ大根の水耕栽培が広まり、一般的な食材に

1986 イギリスで初めてBSE（牛海綿状脳症）が確認される

1987 パナソニックが世界初のホームベーカリーを発売

1988 マガジンハウス『Hanako』創刊

1989 日経平均株価終値が史上最高値に。バブル絶頂期

平成

1990 この頃、「イタ飯」、「ティラミス」がブームに

プレジデント社『dancyu』創刊

1991 牛肉・オレンジの輸入自由化

「カップヌードル」のCM「Hungry?」シリーズがカンヌ国際広告映画祭でグランプリ受賞

1993 冷害による米不足が起きる。タイのインディカ種とのブレンド米が販売されるが不人気に

フジテレビ「料理の鉄人」放映開始

1994 扶桑社『月刊PANJA』（休刊）にて『孤独のグルメ』（原作：久住昌之、作画：谷口ジロー）連載開始

松久信幸がニューヨークに「NOBU New York」を開店

1995 阪神・淡路大震災、地下鉄サリン事件が発生

1997 塩専売制度が終了。

平成

世界的和食ブーム

1997 スペイン「エル・ブジ」がミシュラン三つ星を獲得。世界一予約の取れないレストランといわれる
2002 イギリスの雑誌「Restaurant」が「世界のベストレストラン50」発表開始
2003 レネ・レゼピがデンマーク・コペンハーゲンに「ノーマ」をオープン。ノルディック・キュイジーヌが勃興
2005 グルメレビューサイト「食べログ」サービス開始

2007 アジア初『ミシュランガイド東京』発売開始。
講談社『モーニング』にて『きのう何食べた?』(よしながふみ)連載開始
2007 アップル社初代「iPhone」発売(日本では2008年から販売開始)
2011 東日本大震災

2013 「和食」がユネスコ無形文化遺産に登録される
2013 「アジアのベストレストラン50」発表開始

2015 この頃から節分の恵方巻きがブームになり、全国に定着

2018 タピオカブームが起きるも約2年で収束

令和

2020 新型コロナウイルスによるパンデミック発生。各国で入国規制が行われる。
2023 パンデミック収束方向へ。各国の入国規制が概ね解除される
2024 元旦に能登半島大震災

クラウドファンディング実施のお知らせ

日本の食文化の危機。和食の未来を紡ぐ、出版プロジェクト

世界では日本食ブームと言われていますが、肝心な日本ではその料理の伝統を理解し発展を担う若き人材が枯渇しはじめています。

これまで、私も海外での日本料理店の出店や、“寿司と和食だけ”の調理学校の開講・顧問就任など日本食の文化を途絶えさせないためにさまざまな取り組みを進めてきました。

しかし、まだまだ危機的な状況は続いています。

この課題の解決に向けて、まずは、日本料理を愛する人たちとともに、国内、そして世界にその魅力を広く伝えていくための専門誌「和の美 食の美　温故知新」を継続的に発刊したいと考えています。継続的な発刊と発信を続けていくために、クラウドファンディングというかたちで、皆さまのご支援を賜ることができればと思っております。

どうぞよろしくお願いいたします。

クラウドファンディング概要（「温故知新　レディーフォー」でご検索ください）

【プロジェクト期間】 2024年12月10日（火）～2025年3月10日（月）23時
【目標金額】 1,000万円
【返礼品（一部）】 伝統ある日本料理の技と心を味わう～体験コース～｜100,000円
- お礼のメール
- 温故知新（奥田透サイン入り）
- 昼のお食事10%オフ（飲み物代別 / 1名様のみ）

クラウドファンディングページはこちら

クラウドファンディングとは、想いに共感くださる方や活動を応援したいと思ってくださる方から資金を募る仕組みです。

予告

「和の美　食の美　温故知新」夏号

〈第一特集〉
時代を担う若手料理人

〈連載〉
新時代の日本酒
陶芸家と料理人真剣勝負
和食のサイエンス「鮨」編
他。

※上記内容は予定です。変更する場合があります。

監修 奥田 透（おくだ・とおる）

1969年静岡県静岡市生まれ。静岡、京都、徳島で約10年間、日本料理を学ぶ。29歳で地元・静岡に「春夏秋冬花見小路」を開店。2003年7月に東京・銀座に移り「銀座 小十」をオープン。2011年8月銀座五丁目並木通りに「銀座 奥田」をプロデュース。12年6月同ビルに「銀座 小十」を移転する。2013年9月フランス・パリにて「OKUDA」を開店。本物の日本料理を海外で提供するという挑戦を始める。著書に『世界でいちばん小さな三つ星料理店』『日本料理は、なぜ世界から絶賛されるのか』（ポプラ社）、『焼く：日本料理 素材別炭焼きの技法』（柴田書店）、『日本料理 銀座小十』（世界文化社）、『銀座小十の料理歳時記十二カ月 献立にみる日本の節供と守破離のこころ』『銀座小十の盛り付けの美学 徹底図解 進化する日本料理とは何か』『銀座小十の先付・付き出し一〇一品 日本料理の〝今〟を捉えた、感動を生む献立の幕開け』（誠文堂新光社）、『その料理、秘められた狂気』（ごま書房新社）ほか。

「銀座 小十」 東京都中央区銀座5-4-8 カリオカビル4階
TEL03-6215-9544

和の美 食の美 温故知新 編集部
町田成一
瀬川 慧
寺田茉夕那（銀座 小十）

デザイン＝武田厚志（SOUVENIR DESIGN INC.）
広告デザイン＝熊谷元宏（knvv ケイエヌブイブイ）
表紙撮影＝合田昌弘

和《わ》の美《び》 食《しょく》の美《び》 温故知新《おんこちしん》
世界《せかい》に誇《はこ》る、日本《にほん》の食《しょく》と伝統文化《でんとうぶんか》の魅力《みりょく》を探《さぐ》る
未来《みらい》を創《つく》る和食料理人《わしょくりょうりにん》

2024年12月30日 発 行 NDC596

監 修 奥田《おくだ》 透《とおる》
発 行 者 小川雄一
発 行 所 株式会社 誠文堂新光社
〒113-0033 東京都文京区本郷3-3-11
https://www.seibundo-shinkosha.net/
印刷・製本 シナノ書籍印刷 株式会社

ISBN978-4-416-52449-7